KÖNIGL. MUSEEN ZU BERLIN

ANLEITUNG ZUM ETHNOLOGISCHEN BEOBACHTEN UND SAMMELN

HERAUSGEGEBEN IM AUFTRAGE DES GENERALDIREKTORS

BERLIN 1914 VERLAG VON GEORG REIMER

Vorwort.

Infolge vielfacher Nachfrage nach der von Professor v. Luschan verfaßten, 1904 in 3. Auflage erschienenen „Anleitung für ethnographische Beobachtungen und Sammlungen in Afrika und Ozeanien“, die seit mehreren Jahren vergriffen ist, wurde eine Neuauflage derselben notwendig. Die Bearbeitung derselben fiel, nachdem Herr Professor v. Luschan inzwischen die Direktion der afrikanischen und ozeanischen Abteilung niedergelegt hatte, dem Unterzeichneten zu.

Die Neubearbeitung ist natürlich in Anlehnung an den früheren Text erfolgt, doch sind dabei ziemlich weitgehende Änderungen vorgenommen worden. Zunächst habe ich, da die Anleitung in der Hauptsache für Laien und nicht für Fachleute bestimmt ist, eine allgemein orientierende Einleitung vorausgeschickt, die auf die Fragen des nachfolgenden speziellen Teils vorbereiten und einige Winke für das Verfahren beim Sammeln und Beobachten geben soll.

Im speziellen Teil ist die physische Anthropologie ganz weggelassen; sie ist eine Wissenschaft für sich und erfordert eine spezielle Anleitung. Dafür ist das Kapitel über Linguistik ausführlicher behandelt, vor allem eine Anleitung zu der so sehr wünschenswerten einheitlichen Schreibung gegeben. Einige Abschnitte der früheren Auflagen sind zusammengezogen, andere neu hinzugefügt worden. Im allgemeinen habe ich mich um eine systematischere Anordnung und Vervollständigung der Fragen bemüht. Endlich ist es mein Bestreben gewesen, die Anleitung so zu gestalten, daß sie überall mit Nutzen gebraucht werden kann. Daher sind alle speziell auf Afrika und Ozeanien bezüglichen Fragen weggefallen, ebenso der entsprechende Zusatz im Titel.

Man wird trotzdem leicht erkennen, daß der Verfasser hauptsächlich von den Tatsachen der ihm am besten bekannten afrikanischen Ethnographie ausgegangen ist.

Nicht unerwähnt möchte ich lassen, daß mir bei meiner Arbeit einige andere ähnliche Fragesammlungen gute Dienste geleistet haben, besonders die „Notes and Queries on Anthropology“, herausgegeben von B. Freire-Marreco und J. L. Myres (4. Aufl. 1912), und die „Ethnographische Fragesammlung zur Erforschung des sozialen Lebens etc.“ von S. R. Steinmetz und R. Thurnwald (1906).

Die Anleitung zu phonographischen Aufnahmen (S. 52 ff.) hat Herr Dr. von Hornbostel verfaßt, dem ich auch für seine Mitarbeit bei der Abfassung der übrigen Teile des Abschnittes „Musik“ zu Dank verpflichtet bin.

Berlin, im März 1914.

Professor **B. Ankermann,**
Kustos am Museum für Völkerkunde
zu Berlin.

Inhaltsverzeichnis.

A. Allgemeiner Teil.

Mehr als eine andere Wissenschaft ist die Ethnologie auf die Unterstützung und Mitarbeit von Laien angewiesen. Denn das Objekt ihres Studiums, das Leben und die Kultur der Naturvölker, ist nicht so leicht zugänglich und so einfach zu beobachten, wie z. B. die Erscheinungen, die der Chemiker oder Physiker zu erforschen hat. Der Ethnologe hat stets weite und kostspielige Reisen nötig, um an sein Studienobjekt überhaupt heranzukommen. Das Ideal, alle diese Forschungen durch Fachleute vornehmen zu lassen, scheitert an den Kosten und an der Unmöglichkeit, so viele geschulte Ethnologen aufzutreiben, als man brauchte, um alle Völker der Erde zu studieren. Wir müssen uns daher der Hilfe derjenigen versichern, die durch ihren Beruf als Kolonialbeamte und -Offiziere, als Missionare, Kaufleute usw. gezwungen sind, unter Naturvölkern zu leben, und die bei ihrem ständigen Verkehr mit ihnen unvergleichliche Gelegenheit haben, Sitten und Gebräuche, Denkweise und Lebensgewohnheiten derselben kennen zu lernen. Durch die lange Dauer ihres Aufenthaltes im Lande, der sich auf Jahre, bei manchen, wie besonders den Missionaren, auf das ganze Leben erstreckt, sind sie auch dem Fachgelehrten überlegen, der bei der immer nur kurz bemessenen Zeit seiner Reise unmöglich so vertraut mit den Eingeborenen werden kann, wie es den genannten Männern möglich ist. An sie müssen wir uns daher mit der Bitte um Unterstützung wenden, und die vorliegende „Anleitung" ist bestimmt, dem Laien ein Bild davon zu geben, was der Ethnologe zu wissen und zu besitzen wünscht, und wie die gewünschten Tatsachen und Dinge zu erlangen sind.

Der allgemeine Teil der Anleitung soll kurz über die Ziele der Ethnologie und über die Aufgaben des Sammlers und Beobachters orientieren. Es werden sich hier auch eine Anzahl von Fragen allgemeinerer Natur ein für alle mal vorwegnehmen lassen, die sonst in ermüdender Wiederholung bei verschiedenen Abschnitten des speziellen Teils immer wieder vorgebracht werden müßten.

Aufgabe der Ethnologie ist die Erforschung der Kultur der Naturvölker, Kultur im weitesten Sinne genommen als Inbegriff alles dessen, was die Menschheit im Laufe einer vieltausendjährigen Entwicklung an materiellen und geistigen Gütern hervorgebracht hat. Die Kultur jedes einzelnen Volkes ist nicht ein für sich bestehendes, unabhängig entstandenes Gebilde, sondern nur ein Zweig am Baume der Menschheitsgeschichte, und die Kenntnis aller Einzelkulturen wird es einmal ermöglichen, die Entwicklung der menschlichen Gesamtkultur in allen ihren Verästelungen zu überblicken. Diese zusammenfügende und rekonstruierende Arbeit hat der Ethnologe zu Hause am Studiertisch zu leisten, das Material dazu aber muß draußen zusammengetragen werden, sei es ebenfalls von Fachleuten, sei es von Laien.

Die Tätigkeit draußen auf dem Arbeitsfelde des Ethnographen zerfällt in Beobachten und Sammeln. Gesammelt werden können natürlich nur körperliche Dinge, Gegenstände der materiellen Kultur, die Beobachtungen sollen sich auf das gesamte Leben erstrecken und uns die toten Dinge, die wir in unseren Museen aufspeichern, erst lebendig machen.

Man könnte es für überflüssig halten, alle die z. T. rohen und unansehnlichen Erzeugnisse primitiver Handfertigkeit in Museen aufzustapeln, und eine genaue Beschreibung für hinreichend erachten. Aber auch die gewissenhafteste Beschreibung kann den Gegenstand selbst nicht ersetzen. Denn es zeigt sich in der Regel erst bei der Verarbeitung einer Gruppe von Gegenständen, welche Merkmale wissenschaftlich von Bedeutung sind, und daher sind viele Beschreibungen, die man in Reisewerken findet, unbrauchbar, weil der Verfasser wichtige Züge übersehen oder als unwesentlich absichtlich fortgelassen hat. Daher ist es notwendig mitzubringen, was sich eben mitbringen läßt.

Was soll gesammelt werden? Kurz gesagt: alles, was die Eingeborenen selbst anfertigen und gebrauchen. Ausgeschlossen sind also natürlich importierte europäische Fabrikate, es sei denn, daß sie den Eingeborenen nur als Rohmaterial zu eigenen Arbeiten dienen. Man wird also z. B. keine modernen Glasperlen oder aus Europa eingeführte Baumwollstoffe sammeln, wohl aber Proben der aus ihnen hergestellten Kleidungs- und Schmuckstücke.

Um nichts Überflüssiges nach Hause zu schicken, setze man sich vorher mit dem Museum, für welches man sammeln will, in Verbindung und frage an, was dasselbe schon besitzt und worauf es besonderen Wert legt. Denn vielfach werden schon umfangreiche Sammlungen aus dem betreffenden Gebiet vorhanden sein, die nur einiger Ergänzungen bedürfen, um vollständig zu werden.

Wo es sich aber nicht nur um die Beschaffung einzelner Gegenstände handelt, da sammle man systematisch, d. h. so, daß die Sammlung ein möglichst erschöpfendes Bild der Kultur des betreffenden Stammes gibt. Man sammle also nicht nur Prunkstücke; solche sind natürlich den Museen auch ungemein erwünscht, weil sie zeigen, bis zu welcher Höhe die Kunstfertigkeit des betr. Volkes gestiegen ist; aber wissenschaftlich ebenso wichtig, ja wichtiger, ist die vollständige Zusammenstellung aller für dasselbe typischen Stücke. Diese sind also in erster Linie zu sammeln; es ist gewissermaßen ein Inventar des gesamten Kulturbesitzes aufzunehmen.

Das ist nicht leicht, man muß dazu die Hütten der Eingeborenen durchstöbern, denn die Leute bringen selten alles von selbst zum Verkauf, und es gibt Dinge, die man auch bei längerem Aufenthalt im Lande niemals zu Gesicht bekommt, wenn man nicht selbst auf die Suche geht.

Man strebe also nach Vollständigkeit, sammle aber nicht zu viele Exemplare derselben Gattung. Es wird zwar angenehm sein, wenn jedes Sammlungsobjekt mehrfach vertreten ist; denn einmal finden sich oft kleine und manchmal lehrreiche Verschiedenheiten und zweitens kann auch in einem Museum ein Gegenstand verloren gehen oder ruiniert werden, und man wird sich freuen, ein Ersatzstück bei der Hand zu haben; aber es ist gänzlich überflüssig und sinnlos, etwa, wie es dem Berliner Museum einmal widerfahren ist, einige hundert Wedel aus Kuhschwänzen einzusenden.

Etwas anderes ist es freilich, wenn die einzelnen Stücke gleicher Art sich durch irgendwelche Merkmale wesentlich unterscheiden, z. B. durch Formunterschiede oder durch die Ornamentierung. Hier würde die Sammlung erst vollständig sein, wenn alle Formen oder alle Ornamente, die an dem betr. Objekt vorkommen, in derselben vertreten sind. Man sammle daher neben den typischen Formen mit allen Varietäten auch stets ornamentierte Exemplare.

Man sammle nicht bloß fertige Gebrauchsgegenstände, sondern auch unfertige in solchen Stadien der Herstellung, die geeignet sind, die angewandte Technik zu erläutern; man schicke die Werkzeuge und Geräte mit, die der Verfertiger verwendet; man sammle auch die Rohmaterialien, die zur Fabrikation gebraucht werden; man suche endlich festzustellen, woher das Material stammt, von welcher Pflanze z. B. die Faser zum Flechten von

Körben oder Netzen entnommen wird, und man sende in diesem Falle ein Exemplar der Pflanze ein, falls ihr wissenschaftlicher Name nicht dem Sammler bekannt ist.

Nun gibt es Dinge, die sich überhaupt nicht oder nur unter großen Kosten und Schwierigkeiten mitnehmen lassen, zunächst solche, die zu groß dazu sind, wie z. B. Häuser oder Boote. Hier empfiehlt es sich, wenn man einen geschickten Arbeiter zur Verfügung hat, ein Modell anfertigen zu lassen unter genauer Berücksichtigung der Größenverhältnisse und in einem bestimmten Maßstabe. Oder es sind solche Sachen, von denen die Eingeborenen sich nicht trennen wollen, besonders Dinge, die mit der Religion zusammenhängen oder alte Erbstücke etc. Hier wird man häufig verzichten und zufrieden sein müssen, wenn es gelingt, das kostbare Stück zu zeichnen oder besser noch zu photographieren.

Es genügt aber natürlich nicht, die Gegenstände einfach zu sammeln und nach Hause zu schicken; sie verlieren den größten Teil ihres wissenschaftlichen Werts, wenn sie nicht mit genauen Angaben über Herkunft, Zweck und Bedeutung versehen sind. Es kann gar nicht dringend genug darum gebeten werden, jedes einzelne Stück sorgfältig zu etikettieren; jeder Museumsbeamte weiß ein Lied zu singen von den Stücken ohne Herkunfts- und Zweckangabe, die leider noch immer allzu zahlreich in unsern Sammlungen sind und mit denen man so gar nichts anfangen kann.

Man lege ein Verzeichnis an, in dem jedes Stück eine Nummer bekommt; an dem Gegenstande befestige man eine Etikette mit derselben Nummer und notiere in der Liste und, soweit es der Raum zuläßt, auch auf der Etikette mit deutlicher Schrift:

1. Zweck des Gegenstandes (z. B.: Kochtopf oder Tätowiermesser oder Amulett gegen den bösen Blick etc.);
2. den einheimischen Namen des Gegenstandes sowie event. die Bezeichnungen seiner Teile (z. B. bei einem Pfeil die Worte für Schaft, Spitze, Kerbe, Fiederung etc.) (über die Schreibung vergl. Abschnitt XXII);
3. die Herkunft (Name des Stammes, Unterstammes, der Landschaft oder des Dorfes);
4. falls das Stück importiert ist, den Namen des Stammes, bei dem es verfertigt ist.

Das ist das Notwendigste, und es sollte sich niemand, der die nicht geringe Arbeit des Sammelns übernommen hat, die verhältnismäßig kleine Mühe verdrießen lassen, dies Verzeichnis recht sorgsam zu führen. Wer mehr über einen Gegenstand weiß — und über die meisten Dinge ist viel mehr zu sagen —, der begnüge sich nicht mit dem obigen Minimum, sondern schreibe alles auf, was ihm bekannt ist.

Auf Gegenstände, an denen sich eine Etikette nicht befestigen läßt, schreibe man die Nummer mit Blaustift auf.

Eine Bitte um sorgfältige Verpackung erscheint überflüssig, da ja dem Sammler am meisten daran liegen muß, daß seine mühsam zusammengebrachte Sammlung auch wohlbehalten in die Heimat kommt. Es sei aber doch auf diesen Punkt hingewiesen, da viel Material infolge mangelhafter Verpackung zugrunde geht.

Die Beobachtungen sollen das ganze Leben umfassen, so daß sich aus ihnen ein erschöpfendes Bild der Kultur eines Volkes zusammenfügen läßt. Dieses ideale Ziel wird ein einzelner selten erreichen, aber einige Beiträge in Form direkter Wahrnehmungen oder Erkundungen kann jeder beisteuern. Einige dabei zu beobachtende Gesichtspunkte seien im folgenden hervorgehoben:

Alles was man wahrnimmt oder erfährt, schreibe man möglichst bald auf und verlasse sich nicht auf sein Gedächtnis.

Man halte nichts von vornherein für unwichtig oder nebensächlich, sondern notiere alles, auch wenn man noch nicht weiß, was es bedeutet. Später lassen sich an solche Beobachtungen Fragen anknüpfen, oder neue Wahrnehmungen schließen sich an die alten an und verhelfen zu ihrer Deutung.

Alle beobachteten Vorgänge, sei es die Arbeit eines Handwerkers oder der Hausfrau, oder seien es religiöse Zeremonien, eine Hochzeit, eine Gerichtsverhandlung usw., beschreibe man von Anfang bis zu Ende in allen ihren Phasen, da oft gerade die Aufeinanderfolge derselben von Wichtigkeit ist. Um Irrtümer möglichst auszuschalten, beobachte und beschreibe man solche Vorgänge, wenn es angeht, nicht einmal, sondern öfter.

Man begnüge sich nicht mit der Auskunft eines Gewährsmannes, sondern frage nach derselben Sache mehrere Leute unabhängig voneinander. Es versteht sich von selbst, daß man bei der Wahl seiner Gewährsmänner mit Umsicht verfahren und besonders beachten muß, daß es auch bei den Naturvölkern Sachverständige gibt, von denen allein man über gewisse Dinge zuverlässige Auskunft erhalten kann.

Man sei vorsichtig beim Fragen; denn der Eingeborene antwortet aus Furcht oder Höflichkeit oft so, wie es nach seiner Meinung dem Weißen angenehm ist.

Man suche sich möglichst von europäischer Denkweise zu befreien; denn der Naturmensch denkt und urteilt vielfach ganz anders als wir. Schon der Umfang solcher Begriffe wie „Mutter“ oder „Bruder“ ist ein ganz anderer als bei uns; viel größer wird die Differenz, wo es sich um ethische, religiöse, rechtliche Begriffe handelt. Und ganz abweichend von den unsrigen sind oft die kausalen Verknüpfungen zwischen den Erscheinungen, die den Primitiven geläufig sind. Der Jurist vergesse also hierbei sein heimisches Gesetzbuch, der Missionar seinen Katechismus, und jeder versuche, sich ohne vorgefaßte Meinungen in die Gedankenwelt der Eingeborenen hineinzufinden. Man bedenke dabei, daß es für den auf niedererer Kulturstufe stehenden Eingeborenen vielfach absolut unmöglich ist, unsere Begriffe zu verstehen, daß wir uns also in ihren Gedankenkreis hineindenken müssen, wenn wir uns überhaupt mit ihnen verständigen wollen. Es ist leicht einzusehen, daß diese Erwägung auch für den Kolonialbeamten und für den Missionar große praktische Bedeutung hat. So oft es auch schon gesagt ist, man muß es immer wiederholen, daß für alle, die mit den Eingeborenen der Kolonien zu tun haben, eine eingehende Kenntnis des Standes ihrer geistigen Entwicklung unbedingt notwendig ist, und daß eine erfolgreiche Eingeborenenpolitik ausschließlich auf Grund dieser Kenntnis zu erwarten ist.

Man vermeide jede Suggestion, d. h. man stelle die Fragen nicht so, daß dem Gefragten eine bestimmte Antwort nahegelegt wird. Er wird sonst sicher aus Bequemlichkeit und um der Mühe des Nachdenkens überhoben zu sein, diese Antwort wählen. Außerdem besteht die Gefahr, daß man ihn durch solche Fragen erst auf einen Gedanken bringt, auf den er von selbst nie gekommen wäre, und daß man dann diesen Gedanken als ein Erzeugnis des Eingeborenengeistes betrachtet. Am besten ist es, wenn man die Leute zum Erzählen bringen kann. Das erfordert freilich viel Mühe und Zeit und setzt eine große Vertrautheit mit den Eingeborenen und mit ihrer Sprache voraus.

Kenntnis der einheimischen Sprache ist in jedem Fall sehr erwünscht, da der Verkehr mittels eines Dolmetschers stets eine Quelle von Irrtümern und Mißverständnissen ist. Für denjenigen aber, welcher sich nicht mit oberflächlichen Beobachtungen begnügen, sondern wirklich in die Seele des Volkes eindringen will, ist Beherrschung der Sprache unerläßliche Vorbedingung. Man wird es freilich nur bei langem Aufenthalt im Lande in der fremden Sprache so weit bringen, daß man sich mühelos mit den Eingeborenen über alle möglichen Dinge unterhalten kann; dagegen ist es nicht schwer, die Sprache soweit zu erlernen, daß man imstande ist, einfache Fragen zu stellen und die Antworten aufzuschreiben. Für den Sprachkundigen ist es nicht nur das Empfehlenswerteste, sondern auch das Bequemste, alles mit den Worten seines eingeborenen Gewährsmannes niederzuschreiben, wobei er sich jedes Wort natürlich genau erklären lassen muß.

Da es schwierig, oft unmöglich ist, ein der Eingeborenen-Bezeichnung genau entsprechendes Wort im Deutschen zu finden, so verwende man so viel wie möglich die einheimischen Benennungen. Man gebrauche z. B. nicht kurzweg die Ausdrücke „Familie", „Sippe", „Clan" usw. für ungefähr ähnlich aussehende soziale Gebilde, sondern man gebe die einheimischen Namen und den Umfang der damit bezeichneten Gruppen an. Man spreche nicht einfach von einem „König", „Häuptling", „Priester" etc., sondern man führe den einheimischen Namen, die Funktionen, Rechte und Pflichten der betreffenden Person an. Denn ein „König" hat oft mehr priesterliche Funktionen als politische, wie es unserem Sprachgebrauch entsprechen würde usw.

Es ist überhaupt zu empfehlen, bei jeder Beschreibung eines Vorganges, z. B. einer Hochzeit, einer religiösen Zeremonie, einer Gerichtsverhandlung oder was es sonst sei, die einheimischen Worte für die Handlungen, die handelnden Personen, die verwendeten Gegenstände usw. beizufügen.

Man halte sich durchaus an eine sachliche Berichterstattung und verzichte auf Werturteile; sie sind nur bezeichnend für die subjektive Auffassung des Berichterstatters, oft nur für seine augenblickliche Stimmung, haben aber keine Bedeutung für die wissenschaftliche Betrachtungsweise. Es hat wenig oder keinen Wert, ein Volk als „verlogen" oder „faul" zu charakterisieren, oder zu erklären, ihr Gesang sei nur ein „mißtönendes Gegröhl", ihre Religion nur ein „Sammelsurium von abergläubischen Gebräuchen" u. dergl. Auf keinen Fall spreche man derartige Urteile aus, ohne die ihnen zugrunde liegenden Tatsachen anzuführen; die letzteren sind für den Forscher, der sich nicht auf fremde Meinungen verlassen, sondern sich ein eigenes Urteil bilden soll, das einzig Wertvolle.

Glaubt der Beobachter eine Theorie aufstellen oder eine Erklärung von Ideen, Gebräuchen etc. geben zu können, so ist dagegen nichts einzuwenden. Man unterlasse es aber in solchem Falle niemals, genau zu sagen, daß es sich um die Meinung des Berichterstatters handelt, oder was davon sein Eigentum, was Ansicht der Eingeborenen ist. Die Grenze zwischen den Aussagen der Eingeborenen und den persönlichen Meinungen des Berichterstatters muß stets ganz scharf und zweifelsfrei gezogen werden.

Alle Beschreibung muß durch bildliche Darstellung, Zeichnung oder besser noch Photographie, ergänzt werden, da man auch durch die genaueste Schilderung in Worten nur dann ein klares Bild des Beschriebenen erhält, wenn man gleiche oder verwandte Dinge schon kennt. Die Photographie ist vorzuziehen, weil sie treuere und objektiv zuverlässigere Bilder liefert und weil außerdem nicht jeder zeichnen, wohl aber photographieren lernen kann. Auf eine gute photographische Ausrüstung ist das größte Gewicht zu legen; wer es kann, nehme zwei Apparate mit, einen Stativapparat mit dem Plattenformat 13 × 18 cm und eine Handkamera mit der Bildgröße 9 × 12 cm für Momentaufnahmen. Ist dies nicht möglich, so begnüge man sich mit der letzteren.

Man photographiere alle Dinge, die man nicht mitnehmen kann, vor allem aber Vorgänge und Handlungen, z. B. Tänze, Zeremonien religiösen Charakters, Arbeiter bei der Feldbestellung, Handwerker bei ihrer Tätigkeit, Musiker beim Spielen ihrer Instrumente, Szenen aus dem häuslichen Leben usw. Die Aufnahmen müssen so gemacht werden, daß der Vorgang deutlich zu erkennen ist, also z. B. die Handhabung eines Musikinstruments durch den Spieler, das Verfahren des Webers beim Weben, des Töpfers beim Töpfern etc. Man lasse daher die Leute nicht posieren, sondern photographiere sie in ihrer natürlichen Haltung und an ihrem gewöhnlichen Arbeitsplatz. Außerdem muß der Vorgang in seinem ganzen Verlauf klar werden; man mache also eine Reihe von Aufnahmen hintereinander von allen seinen Stadien. Das kann man außer durch eine Anzahl aufeinander folgender Momentaufnahmen auch durch eine kinematographische Aufnahme erreichen. Da aber die Handhabung des Kinematographen und die Entwicklung der Films besonders in den Tropen große Schwierigkeiten macht und anderseits der wissenschaftliche Wert kinematographischer Aufnahmen nicht sehr beträchtlich ist, so werden die meisten gut tun, sich mit einem guten Momentapparat zu begnügen.

Ein ebenso unentbehrliches Hilfsmittel wie der photographische Apparat für die Wiedergabe alles Sichtbaren ist der Phonograph für Sprache und Musik. Vgl. darüber näheres in Abschnitt XVI C.

Der nachfolgende spezielle Teil behandelt der Reihe nach alle Kapitel der Völkerkunde und bringt in jedem Abschnitt eine Anzahl von einschlägigen Fragen und Hinweisen. Man erschrecke nicht vor diesem Wald von Fragen; es ist nicht so schlimm, wie es aussieht. Niemand wird in die Lage kommen, alle Fragen beantworten zu müssen, denn bei keinem Volke werden sich alle die Dinge vorfinden, auf welche die nachstehenden Fragen sich beziehen; überall wird, ja muß, das eine oder das andere fehlen. Aber um die „Anleitung" möglichst allgemein benutzbar zu machen, mußten recht viele Möglichkeiten berücksichtigt werden.

Anderseits wird jeder, der sich in die Kultur eines Volkes vertieft, vieles finden, was hier nicht erwähnt ist. Denn wenn auch im großen hoffentlich eine annähernde Vollständigkeit erzielt ist, im einzelnen sind die Kulturverhältnisse so vielgestaltig, daß man die Fragen verhundertfachen könnte, ohne den Stoff zu erschöpfen. Aber das soll die „Anleitung" auch nicht, sie soll nur zu selbständigem Beobachten anleiten und im allgemeinen den Weg und die Richtung zeigen; das Entdecken lokaler Besonderheiten bleibt der Findigkeit des Beobachters überlassen.

Wenn jemand sich für ein bestimmtes Kapitel — z. B. Technik, Kunst, Religion, Recht etc. — besonders interessiert und sich damit eingehender zu beschäftigen wünscht, als es an der Hand der „Anleitung" möglich ist, so wende er sich an den Verfasser, der gern erbötig ist, für die Ausarbeitung spezieller Fragebogen über das betr. Gebiet Sorge zu tragen. Ebenso ist der Verfasser zu jeder Auskunft und Beantwortung von Fragen bereit. Spezielle Anleitungen für psychologische und musikalische Forschungen ist Herr Dr. v. Hornbostel (Berlin, Psychologisches Institut der Universität) bereit, auf Wunsch zur Verfügung zu stellen.

Zum Schluß sei auch hier noch einmal ausgesprochen, was schon so oft von berufener Seite gesagt worden ist, daß für ethnologische Forschungen die letzte Stunde geschlagen hat. Den Südpol und die Tiefsee, die Erscheinungen des Erdmagnetismus und der Wüstenbildung wird man nach Hunderten von Jahren genau so studieren können wie heute, aber die Naturvölker werden dann ausgestorben sein oder wenigstens ihre alte Kultur eingebüßt haben. Wer also Interesse für die Völkerkunde empfindet, der betätige es und helfe mit, die Kenntnis der jetzt schon spärlichen Reste verschwindender Kulturen für die Wissenschaft zu retten.

B. Spezieller Teil.

I. Geographie und Statistik.

1. Name des Volkes (Stammes, Unterstammes), auf den sich die nachfolgenden Aufzeichnungen beziehen, in der eigenen Sprache. Benennung desselben bei den Nachbarstämmen.
2. Wohnsitze mit möglichst genauer Angabe der Grenzen und der Sitze der Nachbarn; Einteilung des Landes in Provinzen oder Gaue ist gleichfalls anzugeben. Am besten wird alles in eine Kartenskizze eingetragen.
3. Beschreibung des Landes: Gebirgs- und Flußsystem, Bodenbeschaffenheit, Wald, Steppe, bebautes Land; Klima (besonders Lage und Dauer der Jahreszeiten).
4. Statistische Angaben sind sehr wünschenswert, aber schwer zu erlangen. In den allermeisten Fällen wird man sich auf ein eng begrenztes Gebiet, vielleicht ein einziges Dorf, beschränken müssen; auch solche Mitteilungen sind von Wert. Am leichtesten festzustellen wäre: die Zahl der bewohnten Häuser einer Siedelung (Dorf, Gehöft); die Zahl der Einwohner einer Siedelung (Männer, Frauen, Kinder); die Zahl der waffenfähigen Männer. Bei längerem Aufenthalt könnte man versuchen, die Zahl der Geburten und Todesfälle festzustellen. Oder man kann die Statistik räumlich erweitern und auf ganze Landschaften oder das gesamte Stammesgebiet ausdehnen.
5. Angaben über Zu- oder Abnahme der Bevölkerung und Feststellung der Gründe derselben (Hungersnot, Seuchen, Krieg, absichtliche Geburtenbeschränkung, Kindertötung, Auswanderung, Sklavenhandel).

II. Häuser und Siedelungen.

1. Grundriß des Hauses (ob rechteckig, quadratisch, rund, oval etc.). Am besten zu veranschaulichen durch Aufnahme eines Plans in einem Maßstabe, der das Eintragen der inneren Raumteilung, der Feuerstelle, der Schlafstätten etc. gestattet. Die Maße sind beizuschreiben oder der gewählte Maßstab (etwa 1 : 50) anzugeben. Ein Plan ist besonders nötig, wo es sich um komplizierte Bauten mit vielen Räumen handelt (Häuptlingshäuser).

In gleicher Weise ist ein Aufriß zu zeichnen (um die Höhe der Wände, die Neigung des Daches, ein etwaiges oberes Stockwerk u. dergl. ersichtlich zu machen) und eine oder mehrere Seitenansichten (Giebel, Längswand).

2. Vielfach kommen bei demselben Stamme mehrere Hausformen vor. In diesem Fall ist anzugeben, ob die verschiedenen Typen verschiedenen Zwecken dienen oder von bestimmten Bevölkerungsteilen benutzt werden oder sich nur in bestimmten Landesteilen finden.
3. Kommen auf Pfählen ruhende Häuser (Pfahlbauten) vor? Stehen sie im Wasser, in Sümpfen oder auch auf trockenem Boden?
4. Finden sich auf Bäumen errichtete Häuser?
5. Werden natürliche oder künstliche Höhlen als Wohnungen benutzt?
6. Beschreibung des Hausbaues in allen Stadien von der Wahl und Herrichtung des Bauplatzes an. Baumaterial für alle Teile des Hauses. Alle Einzelheiten des Baues, wie Herstellung des Fußbodens, der Wände, des Daches, der Tür, des Türverschlusses usw.
7. Außer den Wohnhäusern gibt es oft Häuser, die zu bestimmten Zwecken dienen und auch häufig Besonderheiten der Konstruktion zeigen. Solche sind z. B.:
   a) Küchenhäuser, in denen die Frauen kochen;
   b) Vorratshäuser, in denen Nahrungsmittel aufbewahrt werden;
   c) Häuser für gewisse Handwerker (z. B. Schmiede);
   d) Häuser für die Geheimbünde, Klubs, Kultgenossenschaften, in denen diese ihre Tanzmasken, Embleme und Musikinstrumente aufbewahren und wo sie ihre Trinkgelage abhalten; sie dienen häufig auch als Herbergen für Fremde;
   e) Geisterhäuser, Tempel;
   f) Häuser für unverheiratete Jünglinge und Mädchen;
   g) Häuser für menstruierende oder schwangere Frauen;
   h) Tor- oder Wachthäuser.
8. Wahl des Platzes für die Siedelungen: an Flüssen, auf Anhöhen, im Walde etc. Gründe für die Platzwahl.
9. Plan eines typischen Dorfes mit Angabe des Maßstabes. Eintragung aller Häuser unter Bezeichnung ihrer Bedeutung (Wohnhäuser, Klubhäuser etc.). Falls die Dörfer aus vielen Gehöften bestehen, sind Pläne mehrerer Gehöfte und ein Gesamtplan des ganzen Dorfes in kleinerem Maßstabe erwünscht, um die Anordnung der Gehöfte zu zeigen.
10. Befestigungen der Dörfer (Palisaden, Dornhecken,

Wall und Graben, Wolfsgruben). Tore und ihre Sicherung.

III. Hauseinrichtung, Haus- und Küchengerät.

1. Einteilung des Hauses in Räume zum Kochen, zum Schlafen, für Männer und Frauen, für Haustiere, Vorratsräume etc.
2. Feuerstätte (Kochloch, Herd).
3. Schlafstätten (Lagerstätte auf dem Boden, in der Herdasche, Betten aus Holz oder Flechtwerk, aus Lehm, Hängematten). Unterlage für den Kopf beim Schlafen (Kopfbänke aus Holz).
4. Sitzmöbel: Bänke, Stühle (bisweilen verschiedene Formen für beide Geschlechter).
5. Anderes Mobiliar: Truhen und Kästen, Wandbretter oder Regale zur Aufbewahrung von Hausgerät, Waffen etc.; Vorrichtungen zum Aufstellen oder Aufhängen von Töpfen und Kalebassen (z. B. Sockel aus Lehm, Tragnetze).
6. Küchengerät: Getreidemörser, Mahlsteine oder Handmühlen zur Mehlbereitung, Raspeln für Kokosnüsse, Pandanusfrüchte, Knollengewächse; Messer, Rühr-, Schöpf-, Esslöffel, Quirle, Siebe; Gefäße aus Ton, Holz, Kürbis- oder anderen Fruchtschalen, Leder, Flechtwerk, Metall (zum Wasserholen, Kochen, Bierbrauen, Trinken etc.)
7. Geräte zur Feuererzeugung (durch Quirlen, Reiben, Sägen etc.) und zum Anfachen des Feuers (Feuerfächer).
8. Gibt es Leitern (Baumstämme mit Kerben, Sprossenleitern), um in den Dachraum oder auf das Dach zu kommen?
9. Besondere Vorrichtungen zur Beleuchtung (Lampen, Fackeln) oder zur Erwärmung des Hauses.
10. Angabe über Reinlichkeit im Hause und Hofe. Wo bleibt der Kehricht? Gibt es besondere Abtritte (Lage und Einrichtung)?

IV. Kleidung und Schmuck.

Die Grenze zwischen Kleidung und Schmuck ist oft schwer zu ziehen; im allgemeinen kann man zur Kleidung alles rechnen, was zum Schutz gegen Witterungseinflüsse und andere äußere Einwirkungen oder zur Verhüllung bestimmter Körperteile getragen wird, zum Schmuck das, was keinem praktischen Zweck dient. Der Naturmensch wird die Grenze oft anders ziehen, als wir es tun, und er wird z. B.

vielem, was wir nur als Schmuck betrachten, eine praktische Bedeutung als Zaubermittel (Talisman etc.) unterlegen. Das zu erfahren ist natürlich für den Ethnologen sehr wichtig, und es muß, wenn möglich, bei jedem Stück festgestellt werden, ob der Eingeborene es zum Schutz etwa gegen Regen, Sonne, Dorngestrüpp u. dergl. oder als reinen Schmuck oder als Abzeichen seiner sozialen Stellung, eines Amtes, einer Altersstufe etc. oder als Amulett u. dergl. trägt.

1. Kleidung. Hierbei ist zu berücksichtigen:
   a) der Ort, wo das Kleidungsstück getragen wird; also: Kopfbedeckungen (Mützen, Hüte), Bekleidung des Rumpfs (Mäntel, hemden- und togaartige Kleidungsstücke, Ponchos), Bekleidung der Hüften (Lendenschnüre, Gürtel und Schurze), Bekleidung der Beine und Füße (Hosen, Sandalen, Schuhe).
   b) die Art, wie das Kleidungsstück getragen und befestigt wird; also z. B. wie ein Mantel um die Schultern geschlagen und durch welche Mittel (Knoten, Nadel) er festgehalten wird; wie der Schurz getragen wird, ob er z. B. um die Hüften gebunden oder zwischen den Beinen hindurchgezogen wird.
   c) der Schnitt des Kleidungsstückes, falls von einem solchen überhaupt die Rede sein kann.
   d) der Stoff der Kleidungsstücke; besonders kommen in Betracht: Fell, Leder, Rindenstoff (aus Baumbast hergestellter Stoff), Pflanzenfaser (zu Schnüren geflochten oder nicht), Gewebe (aus Palm- oder anderer Pflanzenfaser, Baumwolle, Wolle).
   e) Man unterscheide zwischen Männer- und Frauenkleidung. Oft bestehen auch Verschiedenheiten in der Tracht der Altersstufen, der Verheirateten und Unverheirateten etc.
   f) Von wem werden die Kleidungsstücke verfertigt?
2. Schmuck. Der Mensch schmückt sich, entweder indem er Teile seines Körpers künstlich verändert oder durch Anbringen abnehmbarer Schmuckstücke. Zu der ersten Klasse gehören besonders Tätowierung und Haartracht.
   a) Tätowierung. Man unterscheidet neben der eigentlichen Tätowierung, bei der kleine Einschnitte in die Haut gemacht und in dieselben ein Farbstoff eingerieben wird, so daß das Tätowiermuster sich farbig (meist blau) von der Haut abhebt, die Narbentätowierung, bei der man durch Einführung reizender Substanzen eine erhabene Narbe (Keloid) erzeugt.

Besonders zu beachten:
α) Technik der Tätowierung (Werkzeuge);
β) verwendete Farbstoffe und ätzende Substanzen;
γ) Tätowiermuster (zeichnen oder photographieren, Namen erfragen);
δ) welche Körperteile werden tätowiert?
ε) von wem und wann wird die Operation ausgeführt?

b) Haartracht. Es kommen die mannigfachsten Haartrachten vor, vom einfachen Kahlscheren des Kopfes oder einzelner Teile desselben (Ausrasieren von Mustern) bis zu den kunstvollsten Frisuren, zu denen außer dem eigenen Haar auch fremdes oder andere Materialien verwendet werden. Ihre Herstellung ist zu beschreiben (Werkzeuge und Hilfsmittel), Endform und ev. einige Zwischenstadien zu photographieren. Ebenso die Barttracht.
Werden die Haare gefärbt oder entfärbt und womit?
Gibt es Perücken?

Einen gewissen Übergang zum abnehmbaren Schmuck bildet

c) die Körperbemalung. Farbstoffe und Muster etc. angeben (wie bei Tätowierung).

Schmuckstücke werden an verschiedenen Teilen des Körpers getragen. Die bevorzugtesten Stellen sind:

d) Kopf und Haar (Federbüsche, Haarnadeln und Schmuckkämme, Stirnbänder, Diademe usw.);
e) die Ohren (entweder das Ohrläppchen oder der Rand der Ohrmuschel werden zur Aufnahme des Schmucks durchbohrt);
f) die Nase (der Schmuck wird entweder in der durchbohrten Nasenscheidewand oder in einem oder beiden Nasenflügeln getragen);
g) die Lippen (Ober- oder Unterlippe oder beide werden durchbohrt);
h) der Hals: Halsketten und Schnüre mit allerhand Gehänge; es ist zu beachten, ob das Schmuckstück auf der Brust oder auf dem Rücken hängt;
i) die Hüften (hier hauptsächlich in Form von Gürteln mit anhängenden Schmuckstücken);
k) die Geschlechtsteile: hier sind besonders zu erwähnen die zur Bedeckung der Eichel dienenden Penisfutterale (aus einer Schneckenschale, Kürbis- oder anderen Fruchtschale, Flechtwerk, Holz, Leder);
l) Arme und Beine (Bänder und Ringe); genau die Stelle angeben, wo der Gegenstand getragen wird,

z. B. Handgelenk, über dem Knie, oberhalb der Wade etc.

Bei allen Schmuckstücken ist natürlich anzugeben, aus welchem Material sie bestehen, ob sie immer oder nur zu gewissen Zeiten oder Anlässen (Tänzen, religiösen Festen etc.), ob sie von Männern oder Frauen, von Angehörigen bestimmter Altersklassen, von Unverehelichten, Verheirateten, Verwitweten, Kinderlosen, Zwillingen, Eltern von Zwillingen, als Rangabzeichen von Häuptlingen und anderen Würdenträgern, von Medizinmännern, Priestern, Mitgliedern bestimmter Klubs oder Geheimbünde usw. getragen werden.

V. Verunstaltungen des Körpers.

1. Deformierung des Schädels. Man versucht, dem Schädel von Neugeborenen eine bestimmte Form zu geben, sei es, daß man sie für schön hält oder aus anderen Gründen, indem man ihn durch Umwickeln mit Binden, durch aufgebundene Brettchen oder auf andere Weise zusammendrückt. Zu beachten: welches Verfahren geübt wird; welche Form der Schädel erhalten soll und erhält; wann die Kompression begonnen wird und wie lange sie dauert; welche Gründe für dieselbe angegeben werden.
2. Sehr verbreitet sind Zahnverstümmelungen. Entweder werden einzelne Zähne entfernt oder es werden Teile von ihnen abgeschlagen, letzteres meist in der Art, daß die Zähne spitz werden. Es ist also anzugeben, welches Verfahren angewendet, welche Zähne und in welchem Kiefer deformiert werden, ob bei Männern oder Frauen oder bei beiden Geschlechtern, von wem und wann die Operation ausgeführt wird, welche Werkzeuge gebraucht werden. Photographien oder Zeichnungen der deformierten Zähne durchaus notwendig.
3. Beschneidung, bei der die Vorhaut entweder gänzlich entfernt oder nur gespalten wird. Bei den Frauen wird häufig die Clitoris ganz oder teilweise entfernt.
4. Vereinzelt kommt die Aufschlitzung der Harnröhre (künstliche Hypospadie) vor.
5. Bei den weiblichen Geschlechtsteilen werden die kleinen Schamlippen zuweilen ausgereckt (Hottentottenschürze); bisweilen werden sie miteinander vernäht (Infibulation).
6. Auch die Amputation eines Fingergliedes kommt vor.

Andere Körperverstümmelungen, wie Abschneiden von Nasen und Ohren, Kastration etc., sind hier nicht erwähnt, weil sie wahrscheinlich nur als Strafe ausgeführt werden.

Bei allen aufgeführten Verstümmelungen sind die Operation und die dabei gebrauchten Werkzeuge zu beschreiben, anzugeben, in welchem Alter, unter welchen Umständen, von wem dieselbe gemacht wird und welche Begründung die Leute dafür geben.

Über die dabei vorkommenden Zeremonien vgl. Abschnitt XI, 2 b und XV, 5.

VI. Erwerb des Lebensunterhalts.

1. Auf der niedrigsten Stufe findet sich das bloße Sammeln von wildwachsenden Früchten, Wurzeln, Knollen, auch Schnecken, Raupen u. dergl., was auch auf höheren Stufen neben Ackerbau und Viehzucht vorkommt.
2. Jagd.
   a) Jagdmethoden: Einzeljagden oder Gesellschaftsjagden; Treibjagden; Anschleichen (Verkleidung des Jägers in Tierhäuten; Befestigung von Vogelköpfen etc. auf seinem Kopf).
   Fangen des Wildes mit Netzen, in Schlingen, Fallen, Wildgruben (die Konstruktion der Fallen genau beschreiben, womöglich Modelle einschicken).
   Jagd unter Benutzung von Feuer (Abbrennen des hohen Grases).
   b) Welche Waffen werden auf der Jagd gebraucht?
   c) Verwendung von Jagdhunden oder anderen abgerichteten Tieren, Jagdfalken etc.
   d) Aufzählung der Arten des Jagdwilds.
   e) Angabe der Jahreszeit, in der die Jagden hauptsächlich stattfinden.
   f) Gibt es Schonzeiten oder ähnliches?
2. Fischfang. Die zu beachtenden Punkte entsprechen im wesentlichen den oben unter „Jagd" angeführten. Unter den Fischereigeräten und Waffen ist zu achten auf das Vorkommen von Netzen (Schöpfnetze, Stellnetze etc.), Angeln, Reusen, Fischfallen, Fichzäunen und Wehren, auf den Gebrauch von Fischspeeren, Harpunen, von Bogen und Pfeil, endlich auf den von Fischgift zum Betäuben der Fische.
3. Ackerbau.
   a) Beschreibung der gesamten Feldarbeit: Roden des Ackers; Herstellung der Beete und Form derselben; Bestellung des Ackers (Pflanzen und Säen); Art der Bepflanzung (jede Pflanzenart gesondert oder

mehrere gemischt); Schutz gegen Tiere (Einzäunung, Vogelscheuchen etc.) und Pflege des Ackers bis zur Ernte; etwaige künstliche Bewässerung, Düngung, Fruchtwechsel.

b) Angabe der Zeit der Aussaat und der Ernte für jede einzelne Kulturpflanze.

c) Ackergeräte: Pflanzstock, Hacke, Spaten, Pflug; Werkzeuge zur Ernte (Sicheln etc.) und zum Dreschen des Getreides.

d) Aufzählung aller Kulturpflanzen mit ihren einheimischen und botanischen Namen. Angabe ihrer relativen Wichtigkeit für den Haushalt.

e) Aufbewahrung der Feldfrüchte.

4. Viehzucht.

a) Aufzählung der Haustiere mit Namen und unter Angabe ihrer relativen Wichtigkeit.

b) Zweck der Viehhaltung (zur Fleisch- oder Milchgewinnung, als Reit- oder Lasttiere usw.).

c) Art der Fütterung.

d) Unterbringung des Viehs (Ställe, Pferche, Kraale).

e) Werden die Tiere von den Besitzern durch Eigentumsmarken gekennzeichnet (Brandmarken, Einschnitte in die Ohren)?

f) Werden Haustiere verschnitten? Welche, wie und von wem?

g) Wird Tieren Blut entzogen? Zu welchem Zweck? (Manche Stämme benutzen zu diesem Aderlaß einen besonderen kleinen Pfeil und Bogen.)

VII. Nahrungs- und Genußmittel.

1. Nahrungsmittel.

a) Erwünscht ist zunächst eine möglichst vollständige Aufzählung aller Vegetabilien und Tiere, die gegessen werden (auch Menschenfleisch).

b) Wie werden diese Nahrungsstoffe zum Genuß zubereitet?

c) Vorbereitung der Nahrungssubstanzen zum Kochen (z. B. Mahlen des Getreides, Zerstampfen der Knollen etc.). (Küchengerät Abschn. III, 6.)

d) Zubereitung der Speisen (Kochen, Rösten, Braten). Besondere Methoden des Kochens (mit heißen Steinen, in erhitzten Erdgruben.)
Herstellung der einzelnen Gerichte (Kochrezepte).

e) Für den Stamm charakteristische Speisen („Nationalgerichte“).

f) Wird Blut genossen?
Wird Milch genossen (frisch oder sauer)?
Werden Eier gegessen?
Welche Fette werden zur Speisenbereitung gebraucht?

g) Womit werden die Speisen gewürzt? (Salz, Pfeffer etc.)
Woher kommt das Salz?
Wird es im Lande gewonnen und wie?

h) Werden Konserven hergestellt (z. B. Dörr- oder Rauchfleisch)?

i) Wer bereitet die Speisen? Beteiligen sich auch Männer daran und unter welchen Umständen?

k) Wieviel Mahlzeiten werden täglich eingenommen und zu welchen Stunden?
Typisches Menu der einzelnen Mahlzeiten.

l) Essen Männer, Frauen, Kinder, Sklaven etc. gemeinsam oder getrennt?
Über verbotene Speisen vergl. Abschnitt XV, 6.

2. Genußmittel.

a) Tabak.
Welche Tabakarten werden angebaut?
Behandlung des Tabaks. Fermentierung?
In welcher Form kommt der Tabak auf den Markt?
Art des Tabaksgenusses (rauchen, schnupfen, kauen etc.).
Form der Tabakpfeifen und der Tabakbehälter, Schnupftabakdosen etc.

b) Gibt es andere Pflanzen, die geraucht werden (z. B. Hanf)? Nähere Angaben wie unter Tabak.

c) Gibt es andere verwandte Genußmittel, wie z. B. Betel? Beschreibung des zugehörigen Apparats (also beim Betel der Betelmörser, der Kalkbehälter und Kalklöffel) und der Art des Genusses.

d) Alkoholische Getränke, teils wein-, teils bierähnlich, werden aus verschiedenen Vegetabilien hergestellt (aus dem Saft verschiedener Palmenarten, aus Bananen, Zuckerrohr, verschiedenen Hirsearten, Mais, Reis usw.).
Angabe der Pflanze, die den Stoff liefert.
Beschreibung der Zubereitung und der dabei gebrauchten Geräte und Behälter.
Wie wird die Gärung bewirkt?

e) Gibt es andere nicht alkoholische Getränke, wie z. B. Kava?
Angaben wie oben.

VIII. Waffen.

1. Schutzwaffen.
   a) Schilde. Material (Leder, Fell, Holz, Geflecht oder Kombinationen davon), Gestalt und Größe.
   Form der Handhabe (Längs- oder Quergriff).
   Art des Tragens.
   Stockschilde zum Parieren von Keulenschlägen.
   Sonstige Bewaffnung der Schildträger.
   b) Panzer (aus Leder, Rinde, Geflecht, Eisen; Kettenpanzer).
   c) Helme und Kappen zum Schutz des Kopfes.
   d) Andere Schutzvorrichtungen wie Beinschienen etc.
2. Angriffswaffen.
   a) Keulen (Schlag- und Wurfkeulen).
   b) Eine besondere Art der Wurfkeulen sind die Wurfhölzer, z. T. so gearbeitet, daß sie zum Werfer zurückkehren, wenn sie das Ziel verfehlt haben (Kehrwiederkeulen, Bumerangs).
   c) Wurfwaffen aus Eisen (Wurfeisen, Wurfmesser).
   d) Speere.
   Ganz aus Holz oder mit Spitze aus Bambus, Knochen, Horn, Metall (oft auch am untern Ende eine Spitze).
   Art der Befestigung der Spitze am Schaft (aufgesteckt, eingelassen, angebunden).
   Stoß- und Wurfspeere.
   Werden die Speerspitzen vergiftet?
   Gibt es Vorrichtungen zum Werfen der Speere, Speerschleudern (Wurfbretter aus Holz, Bambus etc. oder Wurfschlingen)?
   e) Bogen und Pfeil.
      α) Bei der Beschreibung des Bogens ist zu beachten:
      Ob der Bogen einfach oder zusammengesetzt ist.
      Form des Bogens (einmal oder zweimal gekrümmt).
      Querschnitt des Bogens: ob rund, oval, auf einer Seite abgeplattet, viereckig, mit Rillen versehen etc.
      Enden des Bogens: stumpf oder zugespitzt, abgesetzt, mit aufgesteckten Knäufen, Ringen etc.
      Art der Befestigung der Sehne: einfach umgewickelt und festgeknotet, mit einer Schlinge übergehängt, durch ein Loch im Bogenende gezogen, über eine Rinne im stumpfen Bogenende geführt etc.

Material der Sehne (Rotang oder Bambus, Schnur aus Pflanzen- oder Tierfaser, Leder).
Ist der Bogen immer bespannt?
Haltung des Bogens beim Schießen (senkrecht, wagrecht).
Wie wird der Bogen gespannt?
Gibt es Hilfsgeräte zum Spannen des Bogens (z. B. Ringe, die auf die Hand oder den Daumen gestreift werden)?
Gibt es Vorrichtungen zum Schutz des linken Handgelenks gegen den Schlag der Bogensehne?

β) Pfeil.
Material des Schafts (Holz, Rohr etc.).
Ist eine Kerbe vorhanden und welche Form hat sie?
Ist eine Flugsicherung (Fiederung) vorhanden? Genau beschreiben, wie sie am Schaft angebracht ist und woraus sie besteht (meist Federn, aber auch Fell-, Leder- und Blattstückchen).
Pfeilspitze: Material (Holz, Knochen, Bambus, Eisen, Stein); Befestigung (aufgesteckt, eingelassen, angebunden).
Werden die Pfeile vergiftet?
Wie wird der Pfeil beim Schießen gehalten? Genau die Lage der Finger angeben.

f) Armbrüste.
Konstruktion, besonders genau die Vorrichtung zum Abschnellen der Sehne.
Armbrustpfeile (Fragen wie oben).

g) Schleudern.
Woraus bestehen die Schleudern?
Werden rohe oder bearbeitete Steine geschleudert?
Verfahren beim Schleudern.

h) Blasrohre und Blasrohrpfeile.

i) Streitäxte.

k) Schwerter und Säbel; Dolche. (Hieb- oder Stichwaffe?)

Bei allen Waffen ist zu beachten:
ob sie Kriegs- oder Jagdwaffen oder beides sind;
ob sie nebenbei oder auch ausschließlich als Würdezeichen oder Zeremonialgeräte verwendet werden;

bei den Fernwaffen:
wie weit sie tragen;
wie groß die Treffsicherheit der Leute ist.

IX. Handwerk.

1. Töpferei.
   a) Bearbeitung des Tons (Kneten etc.); etwaige Beimengungen zu demselben.
   b) Verfahren beim Formen der Tongefäße (aus einem Tonklumpen, durch Ansetzen von Stücken, durch sukzessives Übereinanderlegen von Tonringen oder Würsten).
   Werden Tongefäße in Modellformen gemacht?
   Werden Tongefäße in zwei Teilen gearbeitet, die nachträglich zusammengesetzt werden?
   Werden die Gefäße aus freier Hand oder mit der Drehscheibe gemacht? (Etwaige Vorstufen der Drehscheibe).
   Werden sonstige Werkzeuge verwendet?
   c) Brennen der Gefäße (in offenem Feuer oder in Brennöfen, Gruben).
   d) Weitere Behandlung der Gefäße (Glätten, Überziehen mit Glasur oder Firnis).
   e) Ornamentierung: Einritzen, Eindrücken von Stempeln, Abrollen von Schnüren oder geschnitzten Stäbchen; Bemalung; Reliefschmuck.
   Zum Ornamentieren gebrauchte Werkzeuge.
   f) Welche Gefäßformen werden hergestellt? (Zeichnungen oder Photographien unerläßlich.)
   g) Zu welchem Zweck dienen die einzelnen Gefäßarten?
   h) Was wird außer Gefäßen noch sonst von den Töpfern gemacht? (z. B. Pfeifenköpfe.)
2. Flechterei und Verwandtes.
   a) Verfertigung von Schnüren und Stricken. (Material, Technik, Werkzeuge.)
   b) Flechtarbeiten:
   Körbe. Alle Arten von Körben und die Technik ihrer Herstellung beschreiben. Es empfiehlt sich, durch schematische Zeichnungen des Verlaufs der Flechtstreifen und durch Einsendung halbfertiger Körbe das Verständnis der Technik zu erleichtern.
   Andere Flechtarbeiten: Matten, Taschen, Siebe, Kopfbedeckungen, Sandalen, Schilde und Panzer (vgl. Abschnitt VIII, 1), Reusen und Fischkörbe.
   Netzflechterei.
   Zu achten ist darauf, ob neben dem eigentlichen Flechten ähnliche Verfahren vorkommen, wie Knüpfen, oder Nadelarbeiten ähnlich unserem Häkeln oder Stricken.

3. Spinnen und Weben.
Herstellung des Garns. Rohmaterial.
Werden Spindeln verwendet?
Beschreibung des zum Weben benutzten Apparats (Webrahmen, Webstuhl). Angabe aller Teile mit Namen.
Beschreibung des Vorgangs des Webens. Besonders zu beachten, wie die Fachbildung bewirkt und wie der Schußfaden hindurchgeführt wird (Webeschiffchen).
Steht der Webstuhl senkrecht oder wagrecht?
Was für Gewebe werden hergestellt? (Einfarbige, gemusterte; Breite des Gewebes).
Zweck der Gewebe: Kleidung, Matten, Taschen.
4. Rindenstoffbereitung.
Von welchem Baume stammt das Material?
Gewinnung desselben.
Bearbeitung, Werkzeuge (Schlägel, Hämmer).
Werden die Stoffe gefärbt oder gemustert? Wie und womit?
5. Lederarbeit.
Aufzählung der Tiere, deren Fell Verwendung findet.
Wie werden die Felle behandelt (getrocknet, geschabt, gewalkt etc.)?
Werden die Haare entfernt und wie?
Wird das Leder gegerbt oder sonstwie präpariert?
Und womit?
Wird das Leder gefärbt oder ornamentiert?
Verwendung des Leders (Lederkleidung, Ledergefäße, Beutel, Messer- und Schwertscheiden, Schilde, Panzer usw.).
6. Holzbearbeitung, Schnitzerei.
Welche Holzarten werden verwendet?
Welche Werkzeuge werden gebraucht? (Beile, Dechsel, Schnitzmesser, Meißel, Bohrer, Schaber.)
Welche Gegenstände werden aus Holz hergestellt? (Gefäße, Türen und Türrahmen, Stäbe, Speerschäfte, Schilde, Boote, Ruder usw.)
7. Bearbeitung von Knochen, Elfenbein, Muschelschale, Stein.
Fragen analog wie oben unter 6. Besonders zu beachten die Art, wie diese harten Substanzen durchbohrt werden.
Falls Steingeräte nicht mehr in Gebrauch sind, zu erfragen, ob prähistorische Steinsachen im Lande gefunden werden.
8. Metalltechnik.
a) Welche Metalle sind bekannt?
Welche Metalle werden im Lande gewonnen, welche importiert und von wo?

Werden Metallegierungen (Messing, Bronze) hergestellt?

b) Gewinnung der Metalle. Schmelzöfen, Schmelzgruben?
Beschreibung der Schmelzöfen, ihrer Beschickung mit Erz und Holzkohle (von welchem Baum?).
Wird der erforderliche Luftzug durch Blasebälge erzeugt?
Wie lange dauert der Schmelzprozeß?
In welcher Form wird das Metall gewonnen? (Proben sammeln).

c) Weiterverarbeitung des Rohmetalls, um es gebrauchsfertig zu machen.

d) In welcher Form kommt das Metall in den Handel?

e) Schmiedearbeit.
Werkzeuge des Schmiedes (Blasebalg, Amboß, Hammer, Zange etc.).
Aufzählung der Gegenstände, die durch den Schmied hergestellt werden.
Ist die Kunst des Drahtziehens bekannt? Werkzeuge dazu.
Welche Metalle außer Eisen werden geschmiedet?

f) Metallguß.
Welche Metalle können geschmolzen werden?
Verfahren beim Guß: Wachsausschmelzverfahren (verlorene Form, cire perdue).
Gußformen und Proben der Stadien des Gusses sammeln.
Was für Gegenstände werden gegossen?
Werden die Gußstücke nach dem Guß überarbeitet, ziseliert?
Werden die Gußarbeiten auch von den Schmieden gemacht oder gibt es besondere Erzgießer?

g) Versteht man Gegenstände aus Metall zu treiben?

X. Verkehr und Handel.

1. Art des Verkehrs von Ort zu Ort.

a) Verkehrswege: Straßen, Fußpfade, Wasserstraßen.
Überschreiten von Flüssen und Sümpfen: Durchschwimmen, Durchwaten; Brücken (Hängebrücken, Knüppeldämme); Fähren etc.

b) Verkehrsmittel:
zu Lande: Träger, Last- und Reittiere, Wagen, Sänften, Hängematten;
zu Wasser: Flöße, Boote, Schiffe.

Beschreibung der Konstruktion der künstlichen Transportmittel, besonders der Boote.

Material der Boote (Holz, Rinde, Leder).
Verfahren beim Bootbau.
Ruderboote, Segelboote.
Besondere Formen wie Auslegerboote, Doppelboote.
Art des Ruderns (stehend, sitzend, hockend).
Methode des Segelns.
Wie wird gesteuert?

2. Handel.

a) Werden Gebrauchsgegenstände produziert, um verkauft zu werden? Oder sorgt jede Familie für ihren Bedarf selbst?
Was für Dinge kauft man?
Kauft man vom Produzenten oder gibt es Zwischenhändler?
Binnenhandel und Außenhandel: welche Dinge werden innerhalb des Stammes gehandelt, welche von anderen Stämmen bezogen?

b) Gibt es regelmäßige Märkte?
Wo und wie oft finden dieselben statt?
Wer fungiert als Verkäufer? (Männer, Frauen).
Aufzählung der auf dem Markt feilgebotenen Dinge.
Angabe der üblichen Marktpreise (womöglich zu verschiedenen Zeiten).
Marktpolizei, Marktzölle und Gebühren.

c) Welche Dinge dienen als Wertmesser (Geld)?
Gibt es verschiedene Geldsorten? (In diesem Falle ist das Wertverhältnis anzugeben).
Kann man gewisse Dinge nur mit einer bestimmten Geldsorte kaufen?

d) Welche Maße werden gebraucht (Längenmaße, Hohlmaße)?

e) Gibt es Wagen und Gewichte?

f) Existiert ein besonderer Kaufmannstand? Kaufmannsgilden?
Werden Handelsreisen unternommen? Wohin? (Entfernung und Dauer).
Gibt es umherziehende Händler, Hausierer?

XI. Leben des Individuums.

1. Geburt und Kindheit.

a) Wie findet die Entbindung statt? (Lage der Kreißenden, Hilfeleistung durch eine Hebamme oder sonstige Sachverständige.)

Wo findet die Entbindung statt? (Im Wohnhause oder einem besonderen Raum, im Freien.)
Behandlung des neugeborenen Kindes und der Mutter nach der Entbindung.
Was geschieht mit der Nabelschnur und mit der Nachgeburt?

b) Dauer des Wochenbetts.
Dauer des Stillens.
Gibt es Ammen oder stillt nur die Mutter?
Verhalten des Gatten während der Entbindung und des Wochenbetts seiner Frau.

c) Sieht man lieber Knaben- oder Mädchengeburten?
Wie verhält man sich bei Zwillingsgeburten?
Werden Kinder getötet und aus welchen Gründen (Schwächlinge, Mißgeburten)?

d) Namengebung. Wann und von wem erhält das Kind seinen Namen?
Wonach richtet sich die Wahl des Namens?
Gibt es besondere Namen für Knaben und Mädchen?
Gibt es nur individuelle Namen oder auch Familiennamen?

e) Kindererziehung.
Durch wen werden die Kinder erzogen?
Worin unterrichtet man sie?

2. Pubertät und Volljährigkeit.

a) Wann etwa tritt die Geschlechtsreife bei beiden Geschlechtern ein?
Fällt Geschlechtsreife und rechtliche Volljährigkeit zeitlich zusammen?

b) Genaue Beschreibung der Bräuche, die den Übergang von Knaben und Mädchen in den Zustand der Großjährigkeit begleiten (zeitweise Abschließung, Unterweisung, Erlernen einer Geheimsprache, Namenwechsel, Beschneidung, Tätowierung, Maskentragen usw.).

c) Ist vorehelicher Geschlechtsverkehr gestattet?
Was geschieht mit etwaigen Kindern aus solchem Verkehr?

3. Brautwerbung und Verlöbnis.

a) Wer wirbt? (der Freier, sein Vater, ein anderer Verwandter oder eine sonstige Mittelsperson?)
Bei wem wird die Werbung angebracht? (bei Vater, Mutter, Onkel etc. der Braut?)
Gibt es andere Wege, eine Frau zu gewinnen? (Frauenraub, gemeinsame Flucht?)

b) Welches ist das durchschnittliche Heiratsalter bei beiden Geschlechtern?

Werden sonstige Anforderungen vor der Heirat gestellt (z. B. Keuschheit bei der Frau)?
Sind Verlöbnisse von Kindern üblich?

c) Welche Verpflichtungen übernimmt der Bräutigam oder seine Familie gegenüber der Familie der Braut?
    Arbeitsleistungen (welcher Art?);
    Zahlung eines Kaufpreises (worin besteht derselbe, wie hoch ist er, wie wird er gezahlt, auf einmal oder in Raten, an wen wird er gezahlt?);
    Geschenke an die Braut oder Mitglieder ihrer Familie (Zahl und Art).
d) Gegenleistungen der Familie der Braut (Aussteuer).
e) Beziehungen zwischen den Verlobten und ihren Familien während der Dauer der Verlobung.
f) Kann das Verlöbnis von beiden Seiten aufgelöst werden? In welchen Fällen und unter welchen Bedingungen?
    Wird der Kaufpreis unter gewissen Umständen ganz oder teilweise zurückerstattet?

4. Eheschließung.
Beschreibung einer Hochzeit mit allen Förmlichkeiten und Gebräuchen. Angabe aller Personen die an der Hochzeit teilnehmen und bei ihr eine Rolle spielen: Eltern, Medizinmänner, Brautführer etc.
Werden gewisse Jahreszeiten für die Abhaltung von Hochzeiten bevorzugt?
Findet die Vollziehung der Ehe sofort bei der Hochzeit oder erst später statt?
Haben auch andere Männer (z. B. die Brüder des Gatten) Rechte auf die Frau?
Tritt die Frau mit der Eheschließung in die Familie des Mannes oder umgekehrt?
Liegen dem Ehemann auch nach der Hochzeit noch Leistungen an die Familie seiner Frau ob?

5. Formen der Ehe.
Heiratet jeder Mann nur eine Frau (Monogamie) oder mehrere (Polygamie)?
Oder hat eine Frau mehrere Männer (Polyandrie)?
Oder kommt es vor, daß eine Gruppe von Männern (z. B. Brüder) als unterschiedslos verheiratet mit einer Gruppe von Weibern gelten (Gruppenehe)?
Kommen verschiedene Eheformen nebeneinander vor (etwa bei verschiedenen sozialen Schichten etc.)?
Herrscht bei gewissen Anlässen freier Geschlechtsverkehr (Promiskuität)?
Gibt es Ehen auf Zeit oder Ehen auf Probe?
Was geschieht mit Kindern aus solchen Ehen?

6. Stellung der Frau.
   Gilt die Frau als Eigentum des Mannes?
   Werden ihr im Ehevertrag bestimmte Rechte zugesichert und wer schützt sie darin?
   Unterscheidet man unter den Frauen eines Mannes eine Hauptfrau und Nebenfrauen?
   Ist die Hauptfrau die Erstgeheiratete?
   Welche Vorrechte hat sie vor ihren Mitweibern?
   Wird eheliche Treue verlangt (auch vom Manne) und wie weit wird sie tatsächlich gewahrt?
   Oder ist der Frau außerehelicher Geschlechtsverkehr erlaubt?
   Kommt es vor, daß Männer ihre Frauen verleihen oder gegenseitig austauschen?
   Gibt es eine Prostitution?
7. Kinder.
   Wem steht die Autorität über die Kinder zu (Vater, Mutter, Onkel)?
   Gelten die Kinder als Eigentum des Vaters, mit dem er unbeschränkt schalten kann?
   Werden die Kinder zur Familie des Vaters oder der Mutter gerechnet?
   Gibt es Erwachsene, die zu den Kindern etwa im Verhältnis unserer Paten stehen?
   Werden Kinder adoptiert (wann und wie)?
   Werden Kinder bei anderen Familien in Pflege gegeben?
8. Ehehindernisse und Ehegebote.
   a) Ist die Gattenwahl unbeschränkt oder gibt es gewisse Ehehindernisse? z. B.
      zu nahe Verwandtschaft (genau feststellen, bei welchen Verwandtschaftsgraden die Ehe erlaubt oder verboten ist);
      Zugehörigkeit zu derselben Sippe, derselben Totemgruppe, demselben Dorf;
      oder umgekehrt Zugehörigkeit zu einem andern Dorf, fremden Stamm etc.
      Man achte also darauf, ob der Mann seine Frau aus derselben sozialen Gruppe nehmen muß, der er selbst angehört, oder aus einer anderen;
      ferner darauf, ob diese Ehehindernisse eine Ehe überhaupt unmöglich machen oder ob eine trotzdem geschlossene Ehe nur als ungehörig gilt.
   b) Ist im Gegenteil der Mann gezwungen, seine Frau aus einer ganz bestimmten Gruppe (Familie, Sippe, Dorf) zu wählen?
      Wird die Ehe zwischen gewissen Verwandten (z. B. Vetter und Cousine) bevorzugt?

9. Auflösung der Ehe.
   a) durch den Tod eines Ehegatten.
      Darf der überlebende Teil, insbesondere die Frau, wieder heiraten? Eine beliebige oder eine bestimmte Person?
      Wird die Witwe mit dem übrigen Besitz des Mannes vererbt und an wen?
      Oder geht sie zu ihrer Familie zurück?
   b) durch Ehescheidung.
      Kann jeder der Ehegatten selbständig die Ehe lösen? Unter welchen Bedingungen und aus welchen Gründen? Förmlichkeiten bei der Scheidung.
      Dürfen geschiedene Ehegatten wieder heiraten?
      Wo bleibt die geschiedene Frau und wo ihre Kinder?
      Vermögensrechtliche Wirkungen der Scheidung.

10. Alter und Tod.
   a) Wie werden die alten Leute behandelt? Werden sie geachtet und gut behandelt, oder sucht man sich ihrer zu entledigen?
      Wer sorgt für ihren Unterhalt?
   b) Wird der Tod eines Menschen sofort bekannt gemacht oder verheimlicht?
      Was geschieht mit der Leiche bis zur Bestattung?
   c) Bestattungsart: Aussetzen, Begraben, Verbrennen, Konservieren durch Dörren, Räuchern oder Einbalsamieren. Genaue Beschreibung des Verfahrens.
      Beim Begraben ist zu achten auf:
      - Form und Tiefe des Grabes;
      - Lage der Leiche: ausgestreckt, mit angezogenen Beinen und Armen (Hockerbestattung), auf dem Rücken oder auf der Seite liegend, sitzend, stehend;
      - Orientierung der Leiche nach einer bestimmten Himmelsrichtung;
      - Grabbeigaben (Besitz des Toten, Tier- und Menschenopfer);
      - Äußerliche Kennzeichnung des Grabes (Grabhügel, Stein, Baum etc.);
      - Lage des Grabes (im Hause, im Dorfe, außerhalb desselben, auf besonderen Friedhöfen).
   d) Kommen mehrere Bestattungsarten vor, etwa bei verschiedenen Bevölkerungsschichten?
      Gibt es besondere Bestattungsgebräuche bei hervorragenden Personen, wie Häuptlinge, Priester etc.?
   e) Kommt es vor, daß Leichen wieder ausgegraben und nochmals bestattet werden?
      Ist es üblich, bestimmte Körperteile (Schädel, Unter-

kiefer etc.) besonders zu bestatten oder anderweitig aufzubewahren?

f) Verhalten der Angehörigen, Freunde etc. während und nach der Bestattung (Totentrauer). Genaue Beschreibung aller Bräuche und Zeremonien.
Wie lange dauert die Totentrauer?
Werden die Leichenfestlichkeiten später wiederholt?

XII. Soziale und politische Organisation.

Wir finden bei den Naturvölkern die verschiedensten Formen und Stufen der Organisation, angefangen von der isolierten Familie oder einer aus wenigen Familien bestehenden Horde bis zu ziemlich komplizierten staatlichen Gebilden. Daneben allerlei Organisationen auf der Grundlage von Gleichaltrigkeit, Beruf, Stand oder religiösen Interessen. Bei allen diesen, die im folgenden der Reihe nach besprochen werden, sind gewisse Dinge zu beachten, wie die Art der Organisation und ihrer Leitung, ihr Zweck und ihre sozialen Funktionen, die Bedeutung, die ihnen im Leben der Gesamtheit zukommt usw. Diese hier vorausgenommenen Punkte werden daher im folgenden nicht mehr berücksichtigt.

1. Die Familie.

a) Ist die Familie patriarchalisch oder matriarchalisch organisiert, d. h. gilt Vater oder Mutter (oder ein Verwandter der Mutter) als Haupt der Familie?
Besitzen außer den Eltern andere Familienmitglieder ein besonderes Ansehen (z. B. der Onkel)?
Wird die Abstammung in männlicher oder weiblicher Linie gerechnet?
Gehören verheiratete Frauen zu der Familie ihres Vaters oder ihres Schwiegervaters?
Bilden erwachsene Söhne eine eigene Familie oder bleiben sie auch nach ihrer Verheiratung in der Familie der Eltern?
Wohnt jede Familie für sich oder mehrere zusammen (in einem Hause, einem Gehöft)? Führen sie im letzteren Fall gemeinsame Wirtschaft?

b) Die Verwandtschaftsbezeichnungen haben häufig eine ganz andere Bedeutung und andere Begrenzung als bei uns. Um dieselbe festzustellen, verfährt der Beobachter am besten so, daß er den Stammbaum einer ihm bekannten Familie aufzeichnet und untersucht, mit welchem Verwandtschaftsnamen jedes einzelne Familienmitglied jeden seiner Familiengenossen bezeichnet. Die Sicherheit wird erhöht, wenn man mehrere Familien in dieser Weise durchnimmt. Das Verfahren ist umständlich, aber man wird auf diese Weise alle Verwandtschaftsnamen und ihre Bedeutung herausbekommen.

c) Gibt es außer der natürlichen auch eine künstliche Verwandtschaft (durch Blutsbrüderschaft und Adoption)?
Wie wird Blutsbrüderschaft geschlossen und in welchen Fällen?
Wirkung der Blutsbrüderschaft auf die beiden Beteiligten.
Gelten sie wirklich als Brüder? Verpflichtungen gegeneinander.
Verfahren bei der Adoption. Wer wird adoptiert (Kinder, Erwachsene) und von wem?

2. Familienverbände, Sippen, Clans.
Wohnen die Sippen lokal getrennt, in eigenen Dörfern?
Haben sie getrennten Grundbesitz?
Hat jede Sippe einen besonderen Begräbnisplatz?
Namen der Sippen.
Hat jede Sippe ein Oberhaupt? Rechte und Pflichten derselben.
Ist es verboten, innerhalb der Sippe zu heiraten?
Hat jede Sippe ein Totem? (Vgl. Abschnitt XV, 7.)
Hat jede Sippe ihre eigenen religiösen Kulte, ihre besonderen Feste?
Haben die Sippengenossen gemeinsame Abzeichen, gemeinsame Tätowierung oder dergl.?

3. Altersklassen, d. h. Organisationen der gleichzeitig für volljährig Erklärten (durch Initiationszeremonien, Beschneidung etc.).
Gibt es solche Organisationen? Für beide Geschlechter?
Wieviel Jahresstufen etwa umfaßt jede Altersklasse?
Führen die Altersklassen Namen?
Bestehen sie das ganze Leben hindurch?
Soziale Bedeutung derselben.

4. Geheimbünde, Klubs.
In welchem Verhältnis stehen die Klubs zu den Altersklassen? Etwa so, daß die Klubgenossen zugleich Angehörige derselben Altersklasse sind?
Gibt es nur Klubs von Männern oder auch von Frauen?
Zweck der Klubs (religiös, politisch, eine Art Ordnungspolizei oder Femgericht, Vergnügungsgesellschaft etc.).
Aufnahme in die Klubs. Wer kann Mitglied werden?
Wird für die Aufnahme gezahlt?

Gibt es verschiedene Rangstufen innerhalb der Klubs? Wer leitet den Klub?
Feiern die Klubs geheime oder öffentliche Feste? Bei welchen Anlässen? Tragen die Mitglieder dabei Masken? Vgl. auch Abschnitt XV, 3 i.

5. Gliederung nach dem Beruf und dem Stande.
Gibt es Gilden oder Zünfte von Kaufleuten, Handwerkern usw.?
Gibt es einen Adel-, Krieger-, Priester-, Bauernstand? Gibt es eine Gliederung in Freie und Unfreie (Hörige, Sklaven)?
Zusammensetzung und Bildung dieser Stände oder Kasten.
Ist die Zugehörigkeit zu denselben erblich? Oder können Angehörige des einen Standes in einen anderen versetzt werden?
Woraus besteht z. B. der Adel (etwa Verwandte des Häuptlings, Grundbesitzeradel, Beamtenadel)?
Wie rekrutiert sich der Sklavenstand (aus Kriegsgefangenen, Schuldnern etc.)?
Gibt es einen regelrechten Sklavenhandel? Sklavenjagden?
Kennzeichnen sich die Gilden, Stände, Kasten durch irgendwelche äußere Abzeichen?

6. Politische Verfassung.

a) Woraus besteht der Staat: aus einem Stamm, einem Bund verwandter Stämme, aus herrschenden und unterworfenen Stämmen?

b) Von wem wird der Staat regiert? (Hier ist zu beachten, welche Faktoren an der Regierung beteiligt sind, z. B. der König oder Häuptling, die Häuptlinge der Einzelstämme, die Sippenhäupter, die Gesamtheit der freien erwachsenen Männer; ferner welche Rechte und welchen tatsächlichen Einfluß jeder dieser Faktoren besitzt.) Im einzelnen ist auf folgendes zu achten:

c) Ist die Königswürde erblich oder wird der König gewählt oder ernannt? Durch wen und wie? Wer regiert nach dem Tode des Königs bis zur Wahl oder dem Regierungsantritt des Nachfolgers? Muß der König aus bestimmten Familien genommen werden?
Ist der König absetzbar und durch wen?
Spielen bestimmte Verwandte des Königs eine bevorzugte Rolle am Hofe oder im Lande (Mutter, Bruder, Schwester, Hauptfrau usw.)?

Rechte und Pflichten des Königs. (Zu unterscheiden zwischen formellen Rechten und wirklicher Macht.)

d) Gibt es Beamte in unserem Sinn? Wer ernennt dieselben?
Welche Funktionen haben sie? (Verwaltung, Steuererhebung, Rechtsprechung etc.)
Werden sie besoldet, mit Land belehnt etc.?

e) Ist das Land in Verwaltungsbezirke geteilt?

f) Welches sind die Einkünfte des Königs?
Werden überhaupt Steuern oder Abgaben erhoben? Welcher Art und in welcher Weise?
Hat der König Anspruch auf Dienstleistungen seiner Untertanen?

g) In welcher Weise beteiligen sich die Unterhäuptlinge, Großen und die freien Männer an der Regierung? Werden sie von Fall zu Fall vom König dazu berufen? Oder treten sie von selbst zusammen?

h) In welchen Fällen finden Volksversammlungen statt? Haben diese nur beratende Stimme oder können sie Beschlüsse fassen?
Beschreibung des Verlaufs einer solchen Versammlung.

XIII. Heerwesen und Krieg.

1. Von welchem Alter an und bis wann sind die Männer wehrpflichtig?
Werden die Jünglinge vorher in den Waffen geübt? Finden förmliche Felddienstübungen statt?
Kämpfen auch Frauen gelegentlich mit?
2. Waffengattungen: Fußvolk, Reiterei, Bogenschützen, Speerwerfer, Schleuderer etc.
Über Kriegswaffen vgl. Abschnitt VIII.
3. Einteilung des Heeres (nach Landschaften, Sippen, Altersklassen etc.)
4. Wer befehligt das Heer (der König oder ein besonderer Heerführer)?
Wie wird das Heer aufgeboten (durch Boten, Signale etc.)?
Wo sammelt es sich und wie lange dauert die Sammlung?
5. Findet eine förmliche Kriegserklärung statt? Auf welche Weise?
Wird ein Kriegsplan entworfen?
6. Sicherung des Heeres auf dem Marsch (Vorhut, Nachhut, Flankenschutz, aufklärende Patrouillen).
Sicherung des Heeres im Lager (Posten, Befestigung des Lagers).

Taktik in der Schlacht. Ist eine einheitliche Leitung vorhanden?
Kampfmethoden (offener Kampf, Hinterhalt, Überfall; Massen- oder Einzelkampf; bei Tage oder bei Nacht).

7. Wie verfährt man in Feindesland? (Verwüsten der Pflanzungen, Verbrennen der Dörfer usw.)
Werden Frauen und Nichtkämpfer getötet oder gefangen genommen?
Sind die Kämpfe blutig?
Was geschieht mit der Kriegsbeute?

8. Sind Kriegstrophäen üblich? (Köpfe, Genitalien, Skalpe etc.)

9. Zweck des Krieges (Eroberung von Land, Sklavenraub, Beutemachen z. B. Vieh usw.).

10. Wird der Krieg durch einen förmlichen Friedensschluß beendigt? Auf welche Weise?

XIV. Recht und Rechtspflege.

1. Eigentumsrecht.

a) Wem gehört der Grund und Boden? Dem Einzelnen, der Sippe, dem Stamm, dem Häuptling?
Wem gehört das angebaute Land, die Weiden, Wälder, Gewässer, Bestände besonders nützlicher wildwachsender Pflanzen (Bambus, Wein-, Öl-, Kokospalmen etc.)?
Hat jeder das Recht, unkultiviertes Land in Besitz zu nehmen, um Siedlungen und Äcker anzulegen? Oder wie und von wem erwirbt er das Recht?
Kann Land vom Besitzer verkauft oder verpachtet werden?
Wenn das Land der Sippe oder dem Stamm gehört, wird es dann gemeinschaftlich bewirtschaftet oder unter die Einzelnen verteilt? Wird die Aufteilung von Zeit zu Zeit wiederholt?
Wenn der Häuptling als Eigentümer des Landes gilt, unter welchen Bedingungen und in welcher Form gibt er das Land an Einzelne?

b) Welche Gegenstände gehören dem Haupt der Familie, andern männlichen Familienmitgliedern oder den Frauen?
Wem gehören z. B. die Häuser, die Haustiere, die Feldfrüchte, der Hausrat, die Werkzeuge usw.?
Gibt es Dinge, die der ganzen Familie, dem Dorfe etc. als Gemeineigentum gehören?
Kennzeichnet der Eigentümer seinen Besitz (an Häusern, Vieh, Waffen, Geräten etc.) durch Eigentumsmarken, und wie werden dieselben gemacht?

c) Unter welchen Bedingungen werden Darlehen gegeben? Wie sichern sich die Gläubiger gegenüber den Schuldnern und welche Mittel haben sie, um Schuldforderungen einzutreiben?
Bedingt sich der Darleiher Zinsen aus? In welcher Höhe und in welcher Art werden sie gezahlt?
Können Schuldner in Schuldhaft genommen oder als Sklaven verkauft werden?
Haftet für Schulden des Einzelnen bei Zahlungsunfähigkeit oder nach dem Tode des Schuldners die gesamte Familie oder bestimmte Familienmitglieder?
Gibt es eine Verjährung von Schuldforderungen?

2. Erbrecht.
Was wird vererbt? (Grundbesitz, Häuser, Hausrat, sonstiger beweglicher Besitz, Sklaven, Frauen?)
Welche Verwandten sind erbberechtigt (Söhne, Töchter, Gattin, Brüder, Neffen etc.) und welchen Anteil an der Erbschaft erhält jeder von ihnen?
Haben auch andere Personen (z. B. der Häuptling) Anspruch auf einen Anteil?
Wer erbt das Eigentum der Frau?
Kann der Erblasser testamentarisch über seinen Besitz oder Teile desselben verfügen?
Auf wen vererbt sich nach dem Tode des Familien- oder Sippenhauptes diese Würde? Auf wen die Häuptlings- oder Königswürde?

3. Rechtsverfahren.
a) Gibt es ein geregeltes Rechtsverfahren oder hilft sich der Geschädigte selbst?
In welchen Fällen ist Selbsthilfe, in welchen ein gerichtliches Verfahren üblich?
b) Ist insbesondere Blutrache üblich oder geboten und in welchen Fällen?
Wer ist zur Blutrache verpflichtet?
Kann die Blutrache durch Zahlung eines Blutpreises abgelöst werden?
c) Von wem werden Rechtsstreitigkeiten entschieden? (Z. B. vom Oberhäuptling, den Dorfhäuptlingen, den Alten, besonderen Richterkollegien.)
Gibt es außer den offiziellen auch geheime Gerichtshöfe (Femgerichte)?
Finden die Gerichtssitzungen regelmäßig, zu bestimmten Zeiten und an bestimmten Orten statt?
d) Beschreibung einer Gerichtsverhandlung (Berufung des Gerichts, Ladung der Parteien, Zeremonien bei der Eröffnung, Leitung der Verhandlungen, Beweisaufnahme, Zeugenvernehmung, Urteil).

e) In welcher Weise versucht man den Tatbestand festzustellen?
Durch Vernehmung von Zeugen?
Mit Hilfe des Eides? Wer muß schwören, wobei schwört man und unter welchen Formalitäten? (Wortlaut der Eidesformel.)

f) Wird die Folter angewandt? In welcher Art?

g) In welchen Fällen werden sog. Gottesurteile (Ordale) angewandt?
Welche sind üblich? (Feuer- oder Wasserprobe, Trinken eines Gifttranks, Zweikampf usw.)

h) Spielt der Medizinmann oder Wahrsager eine Rolle im Prozeß?

i) Gibt es eine Berufung gegen das Urteil? An welche Instanz?

k) Von wem und wie werden die Urteile vollstreckt?

l) Wer trägt die Prozeßkosten und an wen werden sie gezahlt?

m) Werden die Urteile nach bestimmten Rechtsgrundsätzen gefällt?
Sind letztere allgemein oder nur besonders rechtskundigen Leuten bekannt?
Wie werden sie überliefert?

4. a) Was gilt als strafbare Handlung und welche Verbrechen werden unterschieden?
Diebstahl und Raub; Menschenraub; Brandstiftung.
Beleidigung; Verleumdung; falsche Zeugenaussage; Meineid.
Körperverletzung; Tötung eines Menschen (unterscheidet man zwischen absichtlicher und fahrlässiger Tötung?).
Blutschande; Notzucht; Fruchtabtreibung; Ehebruch.
Zauberei; Bruch der Tabuvorschriften; Töten oder Essen des Totemtiers. (Vgl. Abschnitt XV, 6 und 7.)
Landesverrat.

b) Welche Strafen gibt es und welche ist für jedes einzelne Verbrechen oder Vergehen üblich?
Todesstrafe; Leibesstrafen (Verstümmeln, Entmannen); Prügelstrafe.
Vermögens- und Geldstrafen.
Freiheitsstrafen; Friedloserklärung, Landesverweisung, Verkauf in die Sklaverei.

c) Gibt es Asyle für flüchtige Verbrecher?
Worin besteht der Schutz des Asyls und wie lange dauert er?

XV. Religion.

Der Begriff Religion ist hier im weitesten Sinne genommen; er umfaßt auch alles, was wir von unserem Standpunkt aus als Aberglauben bezeichnen, das ganze Gebiet des Geister- und Gespensterglaubens, der Zauberei und Wahrsagekunst und überhaupt aller Mittel, durch die der Mensch das Glück an sich fesseln und Unheil von sich fernhalten zu können wähnt.

1. Vorstellungen in bezug auf den Tod und die Verstorbenen.

a) Auf welche Ursachen führt man den Tod zurück? (z. B. Zauberei, Zorn der Ahnen, der Götter.)
Wie erklärt man sich die Erscheinung des Sterbens? Glaubt man, daß im Tode ein Etwas (die „Seele") den Körper verläßt?
Führt man auf dasselbe Etwas auch den Scheintod, den Schlaf und die Träume zurück?
Man achte darauf, ob von der „Seele" des Verstorbenen oder von dem „Toten" schlechthin gesprochen wird.

b) Wo bleibt der Tote resp. seine Seele? Man erkundige sich danach, wo die Seele sich vor, während und nach der Bestattung aufhält.
Gibt es einen besonderen Aufenthaltsort der Toten? Oder etwa mehrere für Vornehme und Niedere, Arme und Reiche?
Wo liegt dieser Ort? Welche Vorstellungen macht man sich von ihm und von dem Zustand der Verstorbenen daselbst?
Hat man bestimmte Vorstellungen über den Weg ins Totenreich?
Glaubt man, daß der Tote die ihm ins Grab mitgegebenen Dinge im Jenseits oder auf dem Wege dahin gebraucht, sowie daß die am Grabe geopferten oder mitbegrabenen Menschen und Tiere ihm daselbst dienen?

c) Glaubt man an ein Gericht über den Toten? Erwartet den Menschen im Jenseits Strafe oder Belohnung?

d) Können Tote wiederkommen und Lebenden erscheinen (im Traum oder im Wachen, zu gewissen Jahres- oder Tageszeiten; aus welchen Gründen)? In welcher Gestalt erscheinen die Verstorbenen, in ihrer eigenen oder etwa in der von Tieren etc.?

e) Werden die Toten gefürchtet und warum? Fürchtet

man gewisse Tote besonders, z. B. Zauberer, Häuptlinge?
Glaubt man, daß die Toten Einfluß auf das Geschick der Lebenden haben, daß sie Krankheit, Tod oder sonstiges Unheil senden können?

f) Wie schützt man sich gegen sie? (Opferspenden, regelmäßiger Kult, Totenfeste.)
Darf sich jeder an die Toten wenden oder nur bestimmte Personen (Familienhaupt, Medizinmann)?

g) Glaubt man an eine Wiedergeburt der Verstorbenen in Menschen, Tieren, Pflanzen (Seelenwanderung)?

h) Wie stellt man sich die Seele vor (als Hauch, Schatten, Spiegelbild oder in Tiergestalt: Vogel, Schmetterling, Schlange etc.)?
Glaubt man, daß der Mensch mehrere Seelen besitzt, von denen eine das Lebensprinzip, eine andere z. B. eine Art Schutzgeist darstellt?
Können die Seelen der Toten Aufenthalt in Bäumen, Felsen, Tieren oder anderen Menschen nehmen?
Glaubt man, daß auch die Seele schließlich einmal stirbt?
Schreibt man auch Tieren, Pflanzen und unbelebten Dingen Seelen zu?

2. Naturgeister, Dämonen, Götter.

a) Glaubt man an Geister in Feld, Wald, Wasser, Bergen, Felsen etc.?
Bringt man dieselben in Zusammenhang mit den Toten oder deren Seelen?
Wie stellt man sich das Aussehen der Geister vor?
Welche Macht schreibt man ihnen zu? (Einfluß auf das Wetter, auf das Gedeihen der Feldfrüchte, auf Krankheit und Tod usw.)
Gelten sie für unsterblich?
Werden ihnen übermenschliche Eigenschaften zugeschrieben und welche?
Hat jeder Dämon ein bestimmtes Tätigkeitsfeld (z. B. den Krieg, das Wetter, Himmelserscheinungen, gewisse Seuchen, Wachstum der Feldfrüchte, Kindersegen etc.)?
Gibt es Gottheiten des Hauses, der Familie, des Dorfes, Stammes etc.?
Macht man sich von ihnen Bildwerke? Zu welchem Zweck?
Unterscheidet man zwischen guten und bösen Geistern, Gottheiten?
Gibt es Schutzgeister für einzelne Menschen?
Denkt man sich Gottheiten in Gestalt von Tieren?
Wo wohnen die Götter?

b) Gibt es einen Gott, der als Schöpfer und Herr der Welt angesehen wird?
Gilt er als der einzige Gott oder gibt es andere neben oder unter ihm? Kennt man eine Rangordnung unter den Gottheiten, Dämonen etc.?
c) Kennt man Heroen der Vorzeit, die als Kulturbringer gelten, von denen man glaubt, daß sie Kulturgüter (z. B. das Feuer, den Ackerbau, die Schmiedekunst etc.) erfunden oder den Menschen gebracht oder etwa gewisse Kulte oder soziale Einrichtungen eingeführt haben?
d) Welchen Geistern, Dämonen, Göttern wird ein Kult gewidmet?
e) Ehrt oder fürchtet man auch die Gottheiten der Nachbarvölker?

3. Zauberei, Wahrsagung, Zeichendeutung.
a) Gibt es Menschen, denen man übernatürliche, magische Kräfte zuschreibt (Zauberer, Medizinmänner etc.)?
Welche Fähigkeiten traut man ihnen zu? Z. B. Wetterbeeinflussung (Regenmacher), Heilung von Krankheiten, Macht über Geister usw.
Woher stammen diese Kräfte? Sind sie ererbt oder erlernt oder leitet man sie von Zaubermitteln (Medizinen) her, die sich im Besitz der Zauberer befinden? Welcher Art sind diese?
Glaubt man, daß die Zauberer von Geistern inspiriert, besessen oder mit ihnen im Bunde sind?
Unterscheidet man zwischen guten und bösen Zauberern?
b) Verfahren beim Zaubern (Zauberhandlung, Zauberspruch). (Hier sind alle Zauberpraktiken zu beschreiben, die man in Erfahrung bringen kann.)
c) Gibt es Amulette, Talismane zum Schutz gegen Zauberei? Wer verfertigt dieselben?
d) Schreibt man auch Tieren, Pflanzen etc. magische Kräfte zu?
e) Gibt es Wahrsager, Seher, die die Zukunft ergründen können?
Welche Mittel wenden sie dazu an? (Beschreibung des Verfahrens beim Wahrsagen und der dabei gebrauchten Hilfsmittel, Orakeltiere etc.)
In welchen Fällen werden Wahrsager gefragt?
Ist die Wahrsagekunst in gewissen Familien erblich oder kann sie erlernt werden?
f) Glaubt man an Vorbedeutungen, Omina, Glück oder Unheil bringende Tiere, Himmelserscheinungen

etc., Glücks- und Unglückstage? (So viel wie möglich davon aufzeichnen.)
Gibt es Zeichendeuter, die solche Vorkommnisse zu erklären vermögen?
Gelten auch Träume als Vorbedeutungen?

g) Gibt es Geisterbeschwörer, die die Seelen der Verstorbenen oder andere Geister herbeirufen oder vertreiben können? (Z. B. Geister, die in einen Menschen gefahren sind und Krankheit verursachen, Spukgeister etc.)
Verfahren bei Beschwörung und Bannung der Geister.

h) Gibt es neben den Zauberern, Medizinmännern etc. besondere Priester, die den Verkehr mit den Gottheiten zu vermitteln haben?
Vorbereitung auf den Priesterberuf, Lehrzeit, Lebensweise, Tracht etc.
Mittel des Verkehrs mit der Gottheit (Opfer, Gebet, Ekstase).
Hat jede Gottheit ihren eigenen Priester?
Gibt es auch Priesterinnen?
Sozialer Einfluß der Priesterschaft.

i) Gibt es religiöse Genossenschaften, deren Aufgabe der Kult einer bestimmten Gottheit oder die Vollziehung gewisser religiöser oder zauberischer Riten ist?
Sind sie identisch mit den in Abschn. XII, 4 erwähnten Geheimbünden?
Beschreibung ihrer religiösen Handlungen, Feste etc.

4. Kult.

a) Wem wird ein Kult gewidmet; den Toten, anderen Geistern, Göttern, dem Weltschöpfer?

b) Welche Mittel gebraucht man, um sich die Verstorbenen, die Geister, Dämonen, Götter günstig zu stimmen, die Erfüllung von Wünschen von ihnen zu erlangen oder sie zu versöhnen, wenn sie erzürnt sind?
Sind Gebete und Anrufungen üblich? (Wortlaut notieren.)
Werden Opfer gebracht?
Was wird geopfert? (Speise- und Trankopfer; Feldfrüchte, Tiere, Menschen etc.)
Verfahren beim Opfer. Wird das Opfer einfach hingelegt oder ausgegossen oder etwa verbrannt?
Wann finden die Opfer statt (regelmäßig an gewissen Tagen, zu bestimmten Jahreszeiten wie Aussaat, Ernte etc., bei besonderen Gelegenheiten, wie Hochzeit, Tod, Krankheit etc.)?

Wann werden insbesondere Menschenopfer gebracht?
Wer opfert (der Hausvater, Häuptling, Priester)?
Wo wird geopfert?
Wird das Opfer z. T. von den Opfernden, den Priestern etc. verzehrt?
Ist für jede Gottheit oder für jeden Anlaß ein bestimmtes Opfer vorgeschrieben?

c) Gibt es besondere Kultplätze, auf denen geopfert und sonstige Kulthandlungen vorgenommen werden? (Geisterhäuser, Tempel, heilige Haine.)

d) Gibt es Idole, Götterbilder? Wo werden dieselben aufbewahrt? Wann werden sie benutzt?
Gelten sie nur als Bilder oder als Wohnsitze der Gottheiten?

e) Gibt es noch andere Kult- oder Zeremonialgeräte?

f) Werden Teile der Leiche (Schädel, Unterkiefer) aufbewahrt, um als Kultobjekt zu dienen?

g) Gibt es heilige Musikinstrumente, die nur im Kult Verwendung finden?

5. Religiöse Zeremonien und Riten. Der Inhalt dieses Kapitels läßt sich im engen Rahmen dieser „Anleitung" nicht durch Fragen erschöpfen, da das ganze Leben der Naturvölker mit religiösem Zeremoniell verflochten ist und der gesamte Lebenslauf des Einzelnen von der Geburt bis zum Tode und darüber hinaus, sowie alle Phasen des sozialen Lebens von rituellen Handlungen begleitet werden. (Vgl. Abschnitt XI u. XII.) Der Beobachter richte daher bei allen Gelegenheiten, sei es eine Entbindung, eine Pubertätsfeier oder ein Todesfall, der Amtsantritt eines Priesters oder die Thronbesteigung eines Häuptlings, der Beginn der Ackerbestellung, der Antritt einer Reise, die Aufnahme in einen Klub, der Auszug zum Kriege oder zur Jagd usw. usw., stets sein Augenmerk auf die begleitenden zeremoniellen Bräuche und beschreibe sie genau. Besonders erwähnt mögen werden:

a) die Tänze, die sehr häufig religiösen Charakter tragen, besonders diejenigen, bei welchen Maskentänzer auftreten. Beschreibung des Tanzes, der hauptsächlich mitwirkenden Personen, der Maskenanzüge, der zugehörigen Musik etc.
Bei welchen Anlässen finden Tänze statt?
Sind bei ihnen Geheimbünde (Abschnitt XII, 4) beteiligt?
Welchen Zweck schreibt man den Tänzen zu?

Werden Tänze von anderen Stämmen entlehnt? In welcher Weise (etwa gekauft)?

b) Umzüge und Prozessionen. Fragen wie unter a.

c) Reinigungszeremonien.
Besteht der Begriff der religiösen Unreinheit?
Wie und bei welchen Anlässen wird man unrein?
Beschreibung der Reinigungszeremonien.
Wer vollzieht die Reinigung?

d) Sind Fasten und Kasteiungen üblich? Oder das Scheren der Haare, Abschneiden von Nägeln und Fingergliedern aus religiösen Gründen?

e) Kommt es vor, daß Leute einer Gottheit geweiht werden?
Wie geschieht das und zu welchem Zweck?

f) Man achte auf die bei vielen Riten verwendeten Musik- und Lärminstrumente, besonders auf das Vorkommen von Schwirrhölzern, dünnen Holzplatten, die an langer Schnur durch die Luft geschwungen werden (vgl. Abschn. XVI C, 1 i).

6. Tabu (religiöse Verbote gewisser Handlungen).
Gibt es Vorschriften, durch die bestimmte Handlungen oder der Genuß bestimmter Speisen verboten sind?
Von den zahllosen vorkommenden Verboten mögen u. a. erwähnt werden: das Verbot des Betretens gewisser Orte (heiliger Plätze, der Klubhäuser), des Verkehrs mit gewissen Personen (z. B. des Schwiegersohns mit der Schwiegermutter), des Aussprechens bestimmter Worte oder Namen, des Beischlafs an gewissen Orten oder zu bestimmten Zeiten usw.
Gelten die Verbote für einzelne Individuen, für eines der beiden Geschlechter, für soziale Gruppen (Familie, Sippe, Stamm)?
Gelten sie für das ganze Leben oder nur zeitweise?
Werden die Tabus streng gehalten oder öfter übertreten?
Welche Strafe trifft den Übertreter solcher Verbote?
Welche Erklärung wird für solche Verbote gegeben?
Kann der Häuptling, der Medizinmann oder der Priester solche Verbote auferlegen?

7. Totemismus. Man versteht darunter den Glauben an eine innige Verbindung zwischen einem Menschen oder einer Gruppe von Menschen einerseits und einem Tier, auch wohl einer Pflanze oder einem anderen Naturobjekt anderseits. Dieses Tier etc. nennt man das Totem des Betreffenden oder der betr. Gruppe.

a) Gibt es überhaupt totemistische Vorstellungen?
Gibt es Totems von Individuen, Geschlechtstotems

(nur für Männer oder nur für Frauen), Totems von sozialen Gruppen (Familie, Sippe, Stamm)?

b) Aufzählung der Totems mit ihren Namen und deren Bedeutung.

c) Ist mit jedem Totem ein Speiseverbot oder eine sonstige Tabuvorschrift verbunden? Darf z. B. das Totemtier von den Angehörigen der betr. Gruppe getötet und gegessen werden oder nicht? Oder nur zu bestimmten Zeiten?
Welche Folgen hat die Tötung oder Verletzung des Totems?

d) Fallen die Totemgruppen mit Verwandtschaftsgruppen zusammen?

e) Ist die Ehe zwischen Totemgenossen verboten?
Muß man in eine bestimmte andere Totemgruppe heiraten?

f) Wie vererbt sich das Totem auf die Kinder, vom Vater oder der Mutter oder von beiden?

g) Wie denkt man sich das Verhältnis des Menschen zum Totem?
Gilt dasselbe als Stammvater der betr. Gruppe? Oder als Beschützer?
Nennen sich die Angehörigen einer Totemgruppe nach ihrem Totem?
Wird das Totem als höheres Wesen verehrt? Empfängt es einen Kult? Oder werden irgendwelche magischen Zeremonien mit dem Totem als Mittelpunkt vorgenommen?

h) Haben die Totemgenossen eine gemeinsame Tätowierung, Schmuck, Haartracht oder sonstige Abzeichen, an denen sie äußerlich kenntlich sind? Oder woran erkennen sie sich sonst als Totemgenossen?

8. Mythologie. Wenn Mythen vorhanden sind, so zeichne man die Texte sorgfältig auf mit genauer Übersetzung und mit den Erklärungen der Eingeborenen. Man wird Mythen nur von den Alten erfahren können, insbesondere von Priestern, Medizinmännern, Mitgliedern der Geheimbünde oder anderen Leuten, die mit dem religiösen Leben des Volkes in enger Verbindung stehen.

XVI. Kunst.

A. Bildende Kunst.

1. Welche Arten der bildenden Kunst sind bekannt? Skulptur (Rundskulptur, Relief), Malerei, Zeichnen.

2. Material des Bildhauers: Holz, Knochen, Elfenbein, Stein, Metall.
   Werkzeuge des Bildhauers, Schnitzers, Bildgießers und Verfahren bei der Arbeit.
3. Welche Farben benutzt der Maler?
   Wie werden die Farben aufgetragen?
4. Was wird dargestellt? (Menschen, Tiere; Einzelfiguren, Szenen.)
5. Haben die Darstellungen einen Zweck oder sind sie bloße Spielerei?
   Wenn sie einen Zweck haben, welcher Art ist derselbe? Etwa rein künstlerisch oder religiös (Idole, Ahnenbilder, Darstellungen zu Zauberzwecken) oder dekorativ?
6. O r n a m e n t i k: Man zeichne oder photographiere alle Ornamentformen, erfrage ihre Namen und deren Bedeutung, achte darauf, ob etwa gewisse Ornamente auf bestimmte Gegenstände beschränkt sind, ob z. B. Hauswände anders ornamentiert werden als Holz- oder Tongefäße oder Bronzegußsachen.
   Erhaben gearbeitete Verzierungen können mit Papier abgeklatscht werden (ungeleimtes Papier wird naß gemacht, mit einer Bürste auf die Verzierungen festgeklopft und nach vollständigem Trocknen abgenommen).

B. Welche Arten von D i c h t u n g gibt es: Erzählende Dichtung (Märchen, Mythen [vgl. Abschn. XV, 8], geschichtliche Erzählungen, Heldensagen, Epen etc.), Lieder (Liebeslieder, religiöse und Zauberlieder, Arbeitsgesänge), dramatische Dichtungen?
Man zeichne möglichst viele Proben auf, beschränke sich aber, wenn irgend möglich, nicht auf Inhaltsangaben oder Übersetzungen mit Hilfe eines Dolmetschers, sondern schreibe die Texte selbst auf. Daneben ist es empfehlenswert, einzelne Texte phonographisch aufzunehmen.
Wie und durch wen werden die Dichtungen überliefert? Gibt es berufsmäßige Märchenerzähler, Barden etc.? Werden gewisse Dichtungen bei bestimmten Gelegenheiten vorgetragen?

C. M u s i k.

1. M u s i k i n s t r u m e n t e. Als Musikinstrument ist alles zu betrachten, was dauernd oder gelegentlich zur Tonerzeugung verwendet wird (auch Dinge, die sonst einen anderen Zweck haben wie z. B. Schießbogen).

   Man begnüge sich nicht mit unbestimmten Bezeichnungen wie Flöte, Harfe, Guitarre oder gar nur Blas- oder Saiteninstrument, sondern, falls man die Originale nicht einsenden kann, beschreibe, zeichne oder photographiere man sie. Man achte dabei besonders auf Details, die für den Gebrauch des Instruments wesentlich sind, z. B. bei Blasinstrumenten auf das Mundstück.

a) Saiteninstrumente.
   Wie sind die Saiten an beiden Enden befestigt?
   Resonanzkörper, Saitenträger.
   Material der Saiten. Zahl der Saiten.
   Wie werden sie gespielt (geschlagen, gezupft, gestrichen)?
   Bei dem Musikbogen ist auf die Haltung beim Spielen zu achten (ob das Bogenende gegen die Zähne gestemmt wird, oder ob man die Saite zwischen den Zähnen durchschwirren läßt).
b) Blasinstrumente.
   Wo werden sie angeblasen (seitlich oder an einem Ende)?
   Wie werden sie angeblasen (mit Mund, Nase)?
   Haben sie Grifflöcher (Fingerlöcher)? Wie viele?
   Werden dieselben beim Blasen auch halb abgedeckt, um mehr Töne zu erzeugen oder die Tonhöhe zu korrigieren?
   Gibt es Instrumente, die mit Lippenvibration geblasen werden (Trompeten)?
   Auf Panpfeifen besonders achten (möglichst viele sammeln). Herstellungs- und Abstimmungsweise.
   Versteht man, mit den Lippen zu pfeifen oder auf Blättern, Grashalmen etc.?
c) Trommeln (man unterscheidet Felltrommeln und Holz- oder Schlitztrommeln).
   Wie wird das Trommelfell gespannt gehalten: durch Nägel oder Pflöcke, Schnüre oder Riemen, Keile etc.?
   Bei Schlitztrommeln Form des Schlitzes.
   Wie werden die Trommeln geschlagen (mit den Händen, mit Schlägeln)?
   Gibt es Reibetrommeln (d. h. Felltrommeln, bei denen durch das Trommelfell ein Stab oder ein Band gesteckt wird, das mit den Händen gestrichen oder gerieben wird)?
d) Gongs, Klangsteine, Klanghölzer.
e) Xylophone oder Metallophone (harmonikaartige Instrumente, bei denen der Ton durch Schlagen auf abgestimmte Holz- oder Metallplatten erzeugt wird). (Die Klangplatten sind entweder lose oder fest; im letzteren Fall oft mit Kürbisresonatoren darunter.)

Art der Befestigung der Klangplatten und der Kürbisse.
Man achte darauf, ob die Kürbisse von Membranen überspannte Löcher haben.
Wie wird das Instrument getragen?
Beim Sammeln von „losen" Xylophonen numeriere man die Klanghölzer in der Reihenfolge, in der der Spieler sie gebraucht hat.

f) Glocken (Material; mit oder ohne Klöppel).
Gibt es Doppelglocken (aus 2 zusammengefügten Glocken bestehend)?

g) Rasseln und Klappern aller Art.
Gibt es Klappern, die durch den Wind in Bewegung gesetzt werden (etwa zum Verscheuchen der Vögel vom Acker)?

h) Instrumente, bei denen der Ton durch Zungen von Holz oder Metall erzeugt wird (z. B. Maultrommeln oder die afrikanische Sansa)?

i) Schwirrhölzer, Schwirreisen und andere Schwirrinstrumente. (Vgl. Abschn. XV, 5 f.)

2. Bei welchen Anlässen werden die einzelnen Instrumente gebraucht? Welche z. B. bei Tänzen, welche zur Begleitung des Gesanges?
Gibt es Musikkapellen? Aus welchen Instrumenten bestehen sie?
Welche Instrumente werden von Männern, welche von Frauen gespielt?
Welche sind zu Kinderspielzeug herabgesunken?
Gibt es heilige Musikinstrumente? Worin zeigt sich die Heiligkeit?
Werden Musikinstrumente (z. B. Trommeln, Pfeifen) zu dem praktischen Zweck der Verständigung auf größere Entfernungen gebraucht? (Vgl. Abschnitt XVIII, 8.)
Man beachte die Haltung der Musiker beim Spielen (z. B. Haltung der Finger beim Blasen von Flöten mit Grifflöchern) und die Spieltechnik.
Wie werden neue Instrumente abgestimmt? Nach alten Exemplaren oder nach besonderen Modellinstrumenten? (Besonders bei Panpfeifen und Xylophonen zu beachten.)
Wie stimmt man die Instrumente vor dem jedesmaligen Gebrauch?

3. Bei welchen Anlässen wird gesungen? (Z. B. beim Tanz, bei der Arbeit, beim Marschieren, beim Rudern usw.)
Werden bei allen diesen Gelegenheiten dieselben Melodien benutzt? Auch dieselben Texte?
Entspricht der musikalische Rhythmus dem Rhythmus der Körperbewegung?

Wird der Rhythmus markiert, z. B. durch Händeklatschen?
Bei welchen Gelegenheiten wird solo, bei welchen im Chor gesungen? (Oder Wechselgesang zwischen Vorsänger und Chor.)
Singen Männer und Frauen zusammen oder nur getrennt?
Werden nur überlieferte Melodien gesungen oder auch neue erfunden oder von Nachbarn übernommen?
Werden Gesänge improvisiert? Erstreckt sich die Improvisation auf Text, Melodie oder auf beides?
Werden Chorgesänge etc. vorher eingeübt?
Gibt es Berufsmusiker, Berufssänger?

4. Man nehme möglichst viele Musikstücke (Einzel- und Chorgesänge, Orchester und alle einzelnen Musikinstrumente) mit dem Phonographen auf. Dabei ist nach der folgenden Anweisung zu verfahren:

A. Ausrüstung*).

a) Phonograph (Excelsior oder Edison Standard oder Edison Home) mit Aufnahme- und Wiedergabemembran, Schalltrichter. Für die Tropen Transmissionsriemen aus Leinengurt (nicht Leder oder Gummi).
b) Reservemembranen.
c) Ölkanne, Staubpinsel, Lederlappen, Schraubenzieher, Bürste.
d) 2—3 Stimmpfeifen (Normal-a = 435 Schwingungen).
e) Für Excelsior-Apparat Ersatzgewinde. Falls bei der Aufnahme die Membran kreischt und tiefe Rillen zieht, ist die Schraubenmutter, die die Membran längs der Walze fortführt, durch eine neue zu ersetzen.
f) Edison-Blankwalzen tunlichst vor Erschütterung und Nässe schützen durch tropensichere Verpackung in luftdicht verschlossener Zinkbüchse. Die Walzen sind erst unmittelbar vor der Aufnahme herauszunehmen und nachher sofort wieder einzuschließen.

B. Aufnahme.

a) Der Apparat ist festzustellen und während der Aufnahme nicht zu verrücken.
b) Uhrwerk vor jeder Aufnahme ganz aufziehen.

*) Wegen phonographischer Ausrüstung wende man sich an das Phonogrammarchiv des Psychologischen Instituts der Universität Berlin.

c) Uhrwerk gewöhnlich mit mittlerer Geschwindigkeit laufen lassen; bei sehr hoher, sehr leiser oder sehr schneller Musik große Geschwindigkeit.

d) Schallkörper des Instrumentes, Mund des Sprechers oder Sängers möglichst dicht an den Schalltrichter bringen, ohne diesen zu berühren.
Richtige Stellung und Tonstärke durch eine blinde Aufnahme feststellen (Uhrwerk laufen lassen, ohne die Membran zu senken).

e) Am Anfang der Walze ist ein etwa fingerbreiter Rand unbespielt zu lassen.

f) Beim Ingangsetzen des Apparats ist zuerst volle Rotationsgeschwindigkeit abzuwarten, dann die Membran zu senken, dann erst hineinzusprechen oder zu singen.

g) Nach jeder Aufnahme ist das a des Stimmpfeifchens in den Apparat hineinzublasen, dann die Journalnummer und der Titel der Aufnahme hineinzusprechen.

h) Nach der Aufnahme ist die Walze von Wachsspänen zu säubern, indem man sie rotieren läßt und mit einem Wattebausch an ihr entlangfährt.

i) Jede Aufnahme ist sofort probeweise einmal ganz zu reproduzieren. Spätere Reproduktionen möglichst unterlassen, um die Walze zu schonen.

k) Journalnummer und Titel der Aufnahme auf der Walzenschachtel notieren.

l) Der Spieler (Sänger) oder ein zweiter möge, wenn angängig, den Takt durch Händeklatschen markieren (möglichst nahe der Schallöffnung des Trichters).

m) Von Musikstücken, bei denen mehrere zusammen nicht unison musizieren, sind außer dem Ensemble auch die Einzelstimmen, jede für sich, aufzunehmen, und zwar in der Weise, daß die eine Stimme unmittelbar vor dem Trichter, die anderen im Hintergrund aufgestellt werden, so daß bei jeder Aufnahme zwar alle mitwirken, aber durch den jedesmaligen Platzwechsel immer eine andere Stimme in den Vordergrund tritt.

n) Instrumentalmusiker mögen die Skala ihres Instrumentes in der bei ihnen üblichen Reihenfolge in den Phonographen hineinspielen; auch Aufnahme der Instrumentalleitern nach (zur Zufriedenheit der Eingeborenen!) vollendeter Abstimmung. Auch an verschiedenen Tagen oder nach Abstimmung durch verschiedene Personen. Bei Saiteninstrumenten sind auch die leeren Saiten für sich anzugeben.

o) Nach Gesangsaufnahmen ist gelegentlich der gesprochene Text aufzunehmen (besonders bei Sprachen mit Tonakzent). Ebenso bei Trommel- und anderen Signalsprachen.

p) Ist die Walze vor dem Schluß der Melodie abgelaufen, so ist dieser noch besonders aufzunehmen.

q) Es ist wichtig, von demselben Musikstück mehrere Aufnahmen an verschiedenen Tagen zu machen (auch von verschiedenen Musikern), gelegentlich auch zwei Aufnahmen unmittelbar hintereinander.

r) Bei der Auswahl der Stücke bevorzuge man nicht etwa solche, die dem Ohr des Europäers zusagen, sondern berücksichtige möglichst alle musikalischen Äußerungen. Wo verschiedene Kategorien von Gesängen usw. unterschieden werden, von jeder wenigstens 2—3 Beispiele. Auch gelegentliche Aufnahmen von europäischen Melodien, von Eingeborenen gesungen, sind erwünscht.

C. Journal.

a) Fortlaufende Nummer der Aufnahme:

b) Datum und Ort der Aufnahme:

c) Person des Sprechers oder Musikers:
   α) Volksstamm, Geburtsort, Wohnort.
   β) Name.
   γ) Alter.
   δ) Geschlecht.
   ε) Beruf.
   ζ) Schulunterricht (Mission), Kenntnis europäischer Musik?
   η) Zeitweiliger Aufenthalt außerhalb der Heimat?
   θ) Ansehen bei den Stammesgenossen in bezug auf musikalische Begabung.

d) Gegenstand der Aufnahme:
   α) Sprache (Konversation, Deklamation); Gesang (Solo, Zwiegesang, Chor-, Instrumentalbegleitung); Instrumentalmusik.
   β) Titel des Stückes.
   γ) Gattung des Stückes (Tanzgesang, religiöser Gesang, Volkslied usw.).

e) Text des Liedes oder der Sprachprobe in möglichst sorgfältiger Transskription, mit Übersetzung.

f) Bemerkenswerte Nebenumstände (Haltung, Ausdruck, Gebärden des Vortragenden; Affekt).

XVII. Spiel und Spielzeug.

Bei allen Spielen beschreibe man die Spielregeln und sammle die zugehörigen Spielgeräte. Auch achte man darauf, ob gewisse Spiele mit Vorliebe zu gewissen Jahreszeiten oder bei bestimmten Anlässen gespielt werden.

Welche Spiele werden von Erwachsenen, welche von Kindern gespielt? Welche von Knaben, welche von Mädchen?

Welche Spiele werden um einen Einsatz gespielt, welche nur des Spiels wegen?

1. Sportartige Spiele: Wettrudern, -schwimmen, -laufen, -reiten, -schießen, Ringen, Boxen; Kriegsspiele; Ballspiel.
   Tierkämpfe (Hahnen- oder Stierkämpfe etc.).
2. Gibt es Spiele, die Nachdenken erfordern, wie unser Schach oder andere Brettspiele, Kartenspiele usw.?
3. Gibt es Hasardspiele, bei denen nur der Zufall entscheidet (z. B. Würfel)?
4. Kinderspielzeug: Puppen, Kreisel usw.; Waffen, Musikinstrumente etc. für Kinder.
5. Ein anscheinend über die ganze Erde verbreitetes Spiel ist das bei uns „Abnehmen", in England „cat's cradle" genannte Fadenspiel. Bei der Aufnahme dieses Spiels muß man alle Stadien von der Anfangs- bis zur Endfigur beschreiben und zeichnen und genau angeben, durch welche Fingergriffe, Handbewegungen etc. aus einer Figur die nächstfolgende hervorgeht. Man verfahre dabei folgendermaßen:
   a) Zuerst beschreibe man die Anfangsstellung der Hände. Die gewöhnlichste, die als Normalstellung bezeichnet werden kann, ist: Handflächen gegeneinander, Fingerspitzen nach oben. In diesem Fall genügt das Wort „Normalstellung", sonst ist genaue Beschreibung der Haltung erforderlich.
   b) Dann zeichne man den Verlauf der Schnur bei der Anfangsstellung. Hierbei zeichne man die Schnur als einfache Linie, bei der Kreuzung zweier Schnüre zeichne man die untere an der Kreuzungsstelle unterbrochen. Die Stelle der Finger in den Schleifen markiere man durch kleine Kreise und schreibe die betr. Anfangsbuchstaben dazu (D = Daumen, Z = Zeigefinger, M = Mittelfinger, R = Ringfinger, K = kleiner Finger). Um die Finger der beiden Hände zu unterscheiden, setzt man, wo es nötig ist, ein l oder r (links oder rechts) hinzu.

c) Nun folgt die Verwandlung der ersten Figur in die zweite. Bei der Beschreibung der dazu erforderlichen Griffe bediene man sich der folgenden Bezeichnungsweise:

Alles was nach der Daumenseite der Hand zu liegt, heißt entsprechend der anatomischen Terminologie radial, alles was nach dem kleinen Finger zu liegt, ulnar. Bei einer um den Mittelfinger laufenden Schleife ist also der zwischen Mittel- und Zeigefinger liegende Teil der Schnur der radiale, der zwischen Mittel- und Ringfinger verlaufende der ulnare.

Eine Schnur, die über die Innenfläche der Hand oder eines Fingers läuft, nennt man eine palmare, eine über Hand- oder Fingerrücken gehende eine dorsale Schnur.

Laufen über einen Finger 2 Schleifen, so heißt die den Fingerspitzen nähere die distale oder obere, die der Hand nähere die proximale oder untere.

Man schreibe also z. B.: R von unten (von der proximalen Seite her) in die D-Schleife, zieht dieselbe von D ab. Oder: rZ nimmt von unten die palmare Schnur der l. Hand auf usw.

d) Die so entstandene Figur wird wieder gezeichnet. So verfährt man weiter bis zur Endfigur.

Gewöhnlich werden die Schnüre bei jeder neuen Figur durch Entfernen der Hände voneinander und durch Spreizen der Finger gespannt; wo das nicht geschehen darf, ist es ausdrücklich zu vermerken.

Ebenso ist jede Veränderung in der Haltung der Hände anzugeben.

Statt die Figuren zu zeichnen, kann man sie auch photographieren; auch kinematographische Aufnahmen von Fadenspielen kämen event. in Betracht; die erklärende Beschreibung darf aber niemals fehlen.

Man versäume nicht, Namen und Bedeutung der Endfigur (event. auch der Zwischenfiguren) zu notieren.

XVIII. Begabung, Kenntnisse, Charakter, Moral, Umgangssitten.

Man vermeide alle allgemeinen Urteile über ein ganzes Volk, wie stumpfsinnig, faul, lügnerisch, auch wenn einem diese Eigenschaften recht häufig entgegentreten, sondern achte darauf, in welchen Fällen der Eingeborene sich anstellig oder dumm zeigt, in welchen er lügt usw. Die Erzählung selbstbeobachteter Beispiele ist wertvoll.

1. Wie behandelt der Eingeborene seine Untergebenen? Wie verhält man sich gegen Höherstehende, gegen Europäer?
Wie gegen die Eltern, die Kinder, gegen andere Verwandte?
gegen Frauen, Greise, Kranke, Hilflose?
in Gefahr (z. B. im Kriege, auf der Jagd)?
gegen Schmerzen, Hunger, Durst, Kälte etc.?
2. Welche Handlungen werden als klug geschätzt, welche als dumm verachtet?
Wie wird die Lüge beurteilt? In welchen Fällen gilt sie als erlaubt?
Was gilt als anständig, was als unanständig?
Welche Anstandsregeln gibt es?
3. Welche Grußformen sind üblich? Sind dieselben immer die gleichen oder verschieden gegenüber Verwandten und Fremden, Älteren und Jüngeren, Höher- und Tieferstehenden? Oder verschieden nach der Tageszeit?
(Man achte auf Grußworte und Grußgebärden.)
4. In welcher Form werden Bitten ausgesprochen?
In welcher Form wird der Dank ausgedrückt?
Arten des Ausdrucks der Verachtung, der Hochachtung, Verehrung, Unterwürfigkeit, der Furcht, des Entsetzens, des Staunens, des Hasses usw.
Ausdruck der Bejahung und Verneinung.
5. Wird Gastfreundschaft geübt? Gegen Sippen- oder Stammesgenossen, oder auch gegen Fremde?
6. Wenn es europäische Schulen im Lande gibt: Wie ist die Lernfähigkeit der Kinder im Verhältnis zu gleichaltrigen Kindern von Weißen? Läßt dieselbe in einem gewissen Alter nach?
Wie verhalten sich die Erwachsenen beim Erlernen neuer Fertigkeiten, z. B. europäischer Handwerke, fremder Sprachen etc.?
Für welche Dinge haben die Leute ein besonders gutes Gedächtnis?
Welche den Durchschnitt überragenden Fähigkeiten kommen vor? Z. B.: Erfindungsgabe, Organisationstalent, Rednergabe, kaufmännisches Talent usw.
Zeigen sich Unterschiede in Begabung und Kenntnissen in verschiedenen Bevölkerungsschichten? Bei Männern und Frauen?
7. Welche Kenntnisse haben die Leute von der Natur, von Tieren, Pflanzen, Mineralien?
Was wissen sie von den Ursachen der Naturerscheinungen, wie Regen, Gewitter, Erdbeben,

dem Wechsel der Jahreszeiten, dem Wachsen und Vergehen der Vegetation usw.?
Welche Vorstellungen haben sie von der Natur der Himmelskörper? Von den Bewegungen der Gestirne, besonders von Sonne und Mond? Von den Mondphasen?
Welche Sterne und Sternbilder kennt man überhaupt? (Namen und etwaige sich daran knüpfende Mythen.)
Wie erklärt man Sonnen- und Mondfinsternisse, Sternschnuppen, Meteore, Kometen usw.?

8. Welche Verständigungsmittel gibt es außer der Sprache?
Zeichensprache, Trommelsprache, Pfeifsprache?
Gibt es Geheimsprachen, eine Frauensprache?
Gibt es eine einheimische Schrift?

XIX. Zählen und Rechnen, Zeitrechnung.

1. Man notiere die Zahlwörter soweit wie möglich (natürlich unter Weglassung der bei regelmäßiger Bildung immer auftretenden Wiederholungen).
Man achte darauf, ob einzelne Zahlwörter auch noch eine andere Bedeutung haben (z. B. 5 = Hand).
Gibt es außer diesen Zahlwörtern Ausdrücke, die unserem Paar, Dutzend, Schock etc. entsprechen?
Gibt es ein Zahlwort, das eine unbestimmte große Menge bezeichnet, über die hinaus nicht gezählt wird?
Gebraucht man beim Zählen oder Rechnen irgendwelche Hilfsmittel (Finger, Zehen; Stäbchen, Steine; Kerbhölzer, Knotenschnüre)? (Die Verwendung der Finger, Hände, Füße beim Zählen ist genau aufzuzeichnen oder zu photographieren.)
Gibt es irgendwelche Rechenmethoden? Rechenunterricht?
Gibt es heilige Zahlen oder solche, denen man einen mystischen Sinn beilegt? Spielen in Märchen, Rätseln, Sprichwörtern etc. gewisse Zahlen eine besondere Rolle?

2. Welche natürlichen Zeitabschnitte sind bekannt? (Tag, Monat, Jahr etc.) Namen aller Zeitabschnitte.
Wieviel Tage hat ein Monat, wieviel Monate ein Jahr?
Kennt man ein Sonnenjahr oder nur ein Mondjahr oder nur eine Zeitrechnung nach Jahreszeiten?
Welche Jahreszeiten unterscheidet man? (Lage und Dauer derselben.)
Gibt es eine Unterabteilung des Monats in Wochen? Oder ist die Länge einer „Woche“ unabhängig vom Mondlauf, etwa von einem Markttag zum andern?

Wieviel Tage hat die Woche?
Wie wird der Tag eingeteilt? (Name und Dauer der Tageszeiten.)
Wie bestimmt man die Tageszeit (nach der Höhe des Sonnenstandes, der Länge des Schattens etc.)?
Wie bezeichnet man die Länge von Zeitabschnitten, die man z. B. zur Zurücklegung einer Wegstrecke, zur Ausführung einer Arbeit braucht?
Kennt und beobachtet man den Auf- und Untergang gewisser Sterne oder Sternbilder?

XX. Medizin.

1. Welche Vorstellungen hat man über Natur und Ursache der Krankheiten?
   Welche Krankheiten führt man auf natürliche Ursachen, welche auf Zauberei zurück?
2. Gibt es wirkliche Ärzte oder nur Zauberärzte?
   Kennen die einheimischen Ärzte Heilmittel in unserem Sinne und gegen welche Krankheiten? (Angaben über Herstellung der Medikamente, Einsendung der Pflanzen etc., aus denen sie gewonnen werden.)
3. Aufzählung der häufigsten Krankheiten (besonders der im Lande endemischen) und ihrer Behandlung.
   Angaben über Verwüstungen durch Epidemien.
4. Kennt man prophylaktische Maßregeln gegen Seuchen?
5. Welche Gifte sind bekannt?
   Kennt man Gegengifte gegen das Gift von Schlangen, Skorpionen etc., gegen Pfeilgift, gegen das beim Gottesurteil gebrauchte Gift?
6. Kennt man eine chirurgische Behandlung? (Z. B. Einrichtung von Verrenkungen und Knochenbrüchen, Schienen gebrochener Gliedmaßen, Trepanation des Schädels, Kaiserschnitt oder ähnliche Operationen.)
   Wie werden Verwundungen behandelt?

XXI. Geschichte.

1. Wo es schriftliche historische Aufzeichnungen gibt, suche man dieselben in seinen Besitz zu bringen; sonst schreibe man alles auf, was aus der Geschichte des Stammes zu erfahren ist: Aufeinanderfolge und Namen der Könige, Wanderungen, große Kriege, Erinnerungen an Naturereignisse wie Überschwemmungen, Erdbeben etc., an große Seuchen u. dergl. Man achte auch auf

die halb historischen, halb mythischen Erzählungen von der Einführung irgendwelcher Kulturfortschritte, des Ackerbaus, der Viehzucht, der Schmiedekunst oder eines anderen Gewerbes, des Tabakrauchens, eines Spiels, eines religiösen Kultes usw.
Wie wird die Erinnerung an geschichtliche Ereignisse wach erhalten? (Mündliche Überlieferung durch Erzählungen oder Lieder, oder schriftliche, oder durch Bilderschrift, Knotenschnüre etc.?)

2. Etwaige geschichtliche oder vorgeschichtliche Überreste, Baudenkmäler, Gräber etc. sind, wenn möglich, sorgfältig zu untersuchen, aufzunehmen und zu photographieren. Wenn Ausgrabungen oder sonstige genauere Nachforschungen nicht möglich sind, so sind wenigstens die Orte, wo solche Überreste liegen, genau anzugeben. Prähistorische Gegenstände, wie Steinwerkzeuge etc., sind zu sammeln. Man erfrage auch, welche Deutung die Eingeborenen diesen Dingen geben.

XXII. Sprache.

Wer sich speziell mit linguistischen Studien beschäftigen will, sei auf das „Handbuch zur Aufnahme fremder Sprachen" von v. d. Gabelentz (Berlin, Mittler u. Sohn 1892) sowie auf den von C. Meinhof verfaßten Abschnitt „Linguistik" in Dr. von Neumayers „Anleitung zu wissenschaftlichen Beobachtungen auf Reisen", Band II (Dritte Auflage, Hannover 1906) verwiesen. Bei der Wichtigkeit der Kenntnis der Sprache für den Ethnologen (vgl. Allgemeiner Teil S. 12) sei auch hier eine kurze Anleitung gegeben, wie man auch ohne tiefer gehende linguistische Kenntnisse brauchbares Material zur Einordnung der Sprache und Feststellung ihrer Verwandtschaft liefern kann.

Man notiere in erster Linie:

1. eine Reihe der gebräuchlichsten Hauptwörter; z. B. die Wörter für Mensch, Mann, Frau, Kind, Bruder und andere Verwandtschaftsbezeichnungen; Häuptling, Priester, Sklave, Dorf, Haus, Acker, Berg, Wald, Fluß, Wasser, Feuer, Erde, Himmel, Sonne, Mond, Stern; die Namen der Körperteile, der Haustiere und Kulturpflanzen sowie der hauptsächlichsten wilden Tiere und Pflanzen, der Werkzeuge, Hausgeräte, Waffen, überhaupt aller Gebrauchsgegenstände etc.

   Man bemühe sich auch, die Bildung der Mehrzahl festzustellen; am einfachsten in der Art, daß man sich sagen läßt, was 2 Speere, 3 Hunde etc. heißt.

2. Eine Anzahl der wichtigsten Zeitwörter: essen, trinken, schlafen, arbeiten, gehen, sprechen, sterben, töten etc., besonders auch solche, die sich auf die Hauptbeschäftigungen der Leute wie Feldbau, Viehzucht, Jagd, Krieg usw. beziehen.
3. Die Zahlwörter (vgl. Abschnitt XIX).
4. Adjektiva und adjektivisch gebrauchte Fürwörter wird man am besten in Verbindung mit Hauptwörtern erfragen; meine Hand, dein Messer; dieser Mann, jene Frau: der große Hund, der kleine Knabe usw.; substantivisch gebrauchte Fürwörter in Verbindung mit dem Zeitwort: ich gehe, wir schlafen; er schlägt ihn; wer ist gekommen? wen hast du gesehen?
5. Wenn möglich, lasse man sich einfache Sätze übersetzen, um die Beziehungen der Satzteile zueinander festzustellen; z. B.: der Vater bestraft seinen Sohn; der Jäger schießt den Elefanten; das Haus des Königs ist groß; wir gehen über den Fluß; ich schenke dir ein Messer usw.
6. Den größten Dienst wird man sowohl dem Sprachforscher wie dem Ethnologen mit dem Aufschreiben zusammenhängender Texte erweisen.

Es ist dringend zu empfehlen, zur Niederschrift eine einheitliche Orthographie anzuwenden, damit alle Sprachaufnahmen miteinander vergleichbar werden. Unsere deutsche Schrift reicht nicht aus, da ihr einerseits Zeichen für manche Laute fehlen (z. B. für das franz. j, das engl. th), anderseits dasselbe Zeichen zuweilen verschieden ausgesprochen wird (vgl. z. B. das ch in „ich" und in „ach"). Ein ausführliches Transskriptionssystem findet man in der oben erwähnten Arbeit von Meinhof; im nachfolgenden ist ein vereinfachter Auszug aus demselben gegeben, der für die meisten Fälle genügen wird.

a) Vokale: offene bezeichnet man durch einen Strich, geschlossene durch einen Punkt unter dem Vokal, geflüsterte oder abgeschwächte wie das e in Blume läßt man ohne Zeichen; also:

ẹ wie in See oder im franz. été.
e̱ wie im franz. mère.
ọ wie in Sohn.
o̱ wie in voll oder im engl. all.
ọ̈ wie in töten.
ö̱ wie in können oder im franz. cœur.
ụ̈ wie in Mühle.
ü̱ wie in Müller.

Nasalierte Vokale werden durch einen Zirkumflex bezeichnet, z. B.:

ã wie das französ. an, Jean

ẽ̱ „ „ „ vin

õ̱ „ „ „ on

ȭ̱ „ „ „ un.

b) Konsonanten.

b, d, f, g, h, j, k, l, m, n, p, r, t wie im Deutschen.

c wird überhaupt nicht gebraucht, statt q schreibt man kw.

s wie in essen oder gleich französ. ç.

z „ „ Sonne „ „ „ z.

š gleich deutschem sch, französ. ch, engl. sh.

ž „ französ. j in journal.

ts „ deutschem z.

tš „ „ tsch usw.

s̭ „ engl. th in thousand.

z̭ „ „ th „ that.

χ „ deutschem ch in ach, Nacht.

χ́ „ „ ch „ ich.

v wie im Engl. und Französ.

w „ „ „ water.

y „ „ „ yes.

ṅ gleich ng in singen.

ng „ „ „ Kongo.

FSC
www.fsc.org
MIX
Papier | Fördert gute Waldnutzung
FSC® C083411

Kolibri 360 GmbH
Ferdinand-Jühlke-Straße 7
99095 Erfurt, Deutschland
produktsicherheit@kolibri360.de